Michael Schmidt · Formel 1 – Saison 2014

FORMEL 1 SAISON 2014
ALLE TEAMS ▶ALLE STRECKEN ▶ALLE FAHRER

Motorbuch Verlag

IMPRESSUM

Chefredaktion:	Ralph Alex, Jens Katemann
Stellvertretende Chefredaktion:	Birgit Priemer
Redaktion:	Michael Schmidt (Formel 1), Claus Mühlberger (Rallye), Markus Stier, Bernd Ostmann (Sportwagen), Marcus Schurig
Fotografen:	Michael Kunkel, Thomas Urner, Bodo Kräling, McKlein, Daniel Reinhard, Wolfgang Wilhelm, Xpb, LAT, Hans Peter Seufert
Grafische Gestaltung:	Michael Heinz
Layout:	Elke Hermann, Sandra Ngnoubamdjum
Produktion:	Eva Manzo

Eine Haftung des Autors oder des Verlages und seiner Beauftragten für Personen-, Sach- und Vermögensschäden ist ausgeschlossen.

ISBN: 978-3-613-03639-0

Copyright © by Motorbuch Verlag, Postfach 103743, 70032 Stuttgart
Ein Unternehmen der Paul Pietsch Verlage GmbH & Co. KG

1. Auflage 2014

Nachdruck, auch einzelner Teile, ist verboten. Das Urheberrecht und sämtliche weiteren Rechte sind dem Verlag vorbehalten. Übersetzung, Speicherung, Vervielfältigung und Verbreitung einschließlich Übernahme auf elektronische Datenträger wie DVD, CD-ROM, Bildplatte usw. sowie Einspeicherung in elektronische Medien wie Bildschirmtext, Internet usw. ist ohne vorherige schriftliche Genehmigung des Verlages unzulässig und strafbar.

Herstellung: Medienfabrik GmbH, 70174 Stuttgart
Druck und Bindung: Castelli bolis, Cenate sotto (Bergamo)
Printed in Italy

Inhalt
Formel 1– Saison 2014
auto motor sport

12 Vettel ist nach vier WM-Titeln der Gejagte. Kommen ihm die neuen Regeln in die Quere?

28 Die neuen Vorschriften brachten kuriose Nasen hervor – schön ist anders! Auch sonst waren die Ingenieure kreativ

38 Der Teamkollege ist dein größter Feind. Moss und Fangio vertrugen sich. Andere zelebrierten den Hass

Vorwort
Ralph Alex Ausblick auf die neue Saison **7**

Technik
Reglement Alle neuen Regeln auf einen Blick **8**

Turbomotoren Renault geht 37 Jahre nach der ersten Turbo-Ära in das zweite Turbo-Abenteuer ... **20**

Technik-Tricks der Teams Die Antwort der Ingenieure auf die jüngsten Reglerungen........ **28**

Porträts
Titelgeschichte Vettel und Red Bull haben nur einen Gegner: das neue Reglement....... **12**

Der Teamkollege Das Ferrari-Duo Alonso und Räikkönen - eine explosive Mischung........... **38**

Die stillen Stars Die Chancen von Nico Hülkenberg, Daniel Ricciardo und Kevin Magnussen....... **80**

Die Teams
Vorstellung Alle Teams, alle Autos, alle Fahrer........ **46**

106
Die Formel 1 steht vor ihrer neunten großen Regelreform. Noch nie hat sich so viel getan

150
Mit dem 919 Hybrid will Porsche in Le Mans an die großen Erfolge der Vergangenheit anknüpfen. Reportage von den Tests

136
2013 ging das erfolgsverwöhnte Citroën-Team in der Rallye-WM baden. Schaffen die Franzosen den Anschluss an VW?

Highlights
Fotogalerie Die besten Fotos von den Wintertests **70**

Die Rennen
F1-Kalender 2014 Von Melbourne bis Abu Dhabi: alle Strecken, Rekorde und Startzeiten **84**

Historie
Die großen Regelreformen Streifzug durch die Geschichte der Regeländerungen **106**

Statistik
F1-Rekorde Die Top 50 von 1950 bis 2013 .... **156**

DTM
Tracktest So fährt sich das Meisterauto der DTM 2013, der Audi RS5 des Phoenix-Teams **118**

Portrait Besuch bei Mike Rockenfeller, dem DTM-Champion 2013 .... **124**

Tracktest Zwei schnelle BMW im Vergleich: Der M3 aus der DTM tritt an gegen den Z4 in der GT3-Version **142**

Rallye
Tracktest Exklusive Testfahrt im Volkswagen Polo WRC, der 2013 die Rallyewelt aufgemischt hat **128**

Porträt Sébastien Ogier ist der würdige Nachfolger des zurückgetretenen Sébastien Loeb **132**

Starterfeld Newcomer Hyundai will sich gegen Volkswagen, Citroën und Ford behaupten **136**

Sportwagen
Reportage So bereitet sich Porsche auf das Debüt des 919 Hybrid vor **150**

Editorial
Formel 1-Saison 2014 — auto motor und sport

Nur viel Aufregung – oder auch aufregendere Rennen?

Chefredakteur Ralph Alex über die neue Formel 1– Saison, die schon vor ihrem Start für viel Furore sorgte – weil alles neu ist, von den Regeln bis zu den Motoren. Die Fans interessiert vor allem eines: Werden die Rennen dadurch spannender?

Wie fahren Sie? Wie klingen Sie? Wie sehen sie aus? Die Formel 1 erfindet sich in ihrer 65. Saison seit 1950 quasi neu. Und die Teams standen vor der größten Aufgabe seit Bestehen der Königsklasse. Alles wird auf Null gestellt: die Aerodynamik, der Motor, der Hybridantrieb, das Getriebe, der gesamte Ansatz des Sports ändern sich. „Wir werden eine andere Form von Autorennen erleben", prophezeit Sebastian Vettel. Er ist kein Fan der neuen Regeln. Die Autos sind ihm zu langsam und zu leise. Die Motorentechniker dagegen lieben den Neustart. Zum ersten Mal seit 15 Jahren können sie sich mal wieder so richtig austoben.

Ab dieser Saison bestimmt nicht mehr nur die Aerodynamik die Rundenzeit. Der Motor ist gleichberechtigt, wobei Motor das falsche Wort ist. Das heißt jetzt Antriebseinheit. Sie besteht aus sechs Komponenten. Dem klassischen Verbrennungsmotor mit 1,6 Liter Hubraum und sechs Zylindern, einem Turbolader, dazu zwei Elektromotoren, die sich aus kinetischer und thermischer Energie speisen. Komplettiert wird das Ganze von der Batterie und diversen Steuergeräten, die das so genannte Power-Management besorgen. Wenn dieses Orchester aus V6-Motor und Turbolader in voller Lautstärke spielt, dann löst ein dumpfer Ton mit einem begleitenden Pfeifen das Kreischen der hochdrehenden V8-Motoren der Vergangenheit ab. Wird uns das begeistern?

Der Benzinverbrauch bestimmt das Tempo. Pro Stunde dürfen nur 100 Kilogramm Kraftstoff verbrannt werden. Doch wer das bis ans Limit ausreizt, rollt nach zwei Dritteln der Renndistanz mit leerem Tank aus. Denn auch die Gesamtmenge Benzin für die Renndistanz ist auf 100 Kilogramm beschränkt. Der Befehl des Fahrers über das Gaspedal kommt beim Motor nicht mehr eins zu eins an. Ein Computer leistet Übersetzungshilfe. Denn er entscheidet schließlich, wie viel Power aus dem Verbrennungsmotor kommt, wie viel aus der Elektromaschine, wann welcher der beiden Generatoren die Batterie füttert.

Die Aerodynamik wurde weiter kastriert. Die tiefe Nase nervt die Aerodynamiker. Sie wünschen sich einen ungestörten Luftfluss unter dem Auto hindurch, damit der Diffusor im Heck Anpressdruck generieren kann. Deshalb kommt es vorne zu Verlegenheitslösungen. Die Nasen sind vielfach nur Attrappen, die die Höhenvorschrift und den Crashtest erfüllen. Das lässt die Autos aussehen, als kämen sie aus einem Comic-Film.

Auf den Punkt gebracht: Der Sport wird komplizierter. Für die Fahrer wird eine Sünderkartei angelegt. Jedes Vergehen auf der Strecke gibt zusätzlich Punkte. Wer es innerhalb eines Jahres auf zwölf bringt, muss einen Grand Prix aussetzen. Ach ja: Die Fahrer behalten ihre Startnummer auf Lebzeiten. Nur die „1" ist für den Weltmeister reserviert. Nico Rosberg wählte die 6. Mit dieser Nummer wurde sein Vater Weltmeister. Nico Hülkenberg addierte seine Geburtsdaten und kam dabei auf die 27. Dass diese Nummer Ferrari-Fans heilig ist, weil einst Gilles Villeneuve damit fuhr, wusste Hülkenberg nicht.

Neu ist auch der Punktemodus. Beim letzten Rennen gibt es doppelte Zähler. Vielleicht sogar bei den letzten drei. So wünscht es sich Bernie Ecclestone. Er will damit die WM bis zum Schluss spannend halten und sinkende TV-Quoten stoppen. Eine absurde Lösung, finde ich.

Klar ist: Die Formel 1 braucht neue Strukturen. Solange Ecclestone die Reichen noch reicher macht, wird sich an der Dominanz von Red Bull, Ferrari und Mercedes nichts ändern. In diesem Jahr könnte es allerdings eine Überraschung geben. Der Neubeginn radiert den Vorsprung von Red Bull aus und gibt den Kleinen neue Chancen. Wenn sie die ergreifen, dann wird's wirklich spannend!

Unsere Formel 1-Stars: Michael Schmidt mit Fotografen Daniel Reinhard, Wolfgang Wilhelm

Die neue Formel 1

Es ist die größte Regelreform aller Zeiten. Und sie hat es in sich. Wir erklären, was sich beim Auto, beim Motor und dem Sportgesetz alles ändert.

Die neuen Autos sind keine Schönheiten. Mercedes zählt noch zu den attraktivsten Entwürfen

❶ Das Auto

Den Autos wird einmal mehr die Aerodynamik gestutzt. Aber nicht so schlimm wie ursprünglich geplant. Leitbleche, Frontflügel-Endplatten und Bremsbelüftungen werden kaum oder gar nicht eingeschränkt. Aber den Flügeln und dem Auspuff ging es an den Kragen.

Zwei Autos, zwei Welten: 2013 (oben) war die Nase 36,5 Zentimeter höher. 2014 (unten) gibt es nur noch ein Auspuff-Endrohr

- ❶ Ein Auspuff-Endrohr: 35 bis 55 cm über der Referenzebene, 17 bis 18,5 cm hinter der Hinterachse, 10 cm um die Mittelachse des Autos, Winkel 0,5 Grad nach oben
- ❷ Frontflügelbreite 165 Zentimeter statt 180 cm
- ❸ Heckflügel: nur zwei Elemente zwischen 73 und 95 cm über Referenzebene. Die oberen Elemente müssen innerhalb von 220 mm liegen. Das untere Element entfällt
- ❹ Höhe Nase 5 cm hinter ihrer Spitze auf einer Fläche von 9000 mm²: max. 18,5 cm
- ❺ Seitliche Crashstruktur: Zwei 12 Zentimeter dicke Stifte, leicht angewinkelt 50 cm vor Cockpitrückwand mit plus/minus 25 cm Spielraum

- Höhe Crashstruktur oben: 40 bis 52 cm, unten 7 bis 19 cm
- Keine Flügel in einem Bereich von 30 mm vor und 150 mm hinter der Hinterachse
- Elektrische Betätigung Bremsen erlaubt
- Mindestgewicht Auto: 691 kg
- Gewichtsverteilung 314: 369 kg plus/minus ein Prozent

- DRS: In geöffneten Zustand darf die Lücke zwischen Flap und Hauptelement 70 statt 50 mm betragen
- Höhe vorderes Chassis-Schott: 525 statt 625 mm
- Höhe Chassis hinter Vorderachse: 625 mm

Regeländerungen gehören zu der Geschichte der Formel 1. Es gab viele kleine und acht große. Nach 1954, 1961, 1966, 1983, 1989, 1994, 1998 und 2009 steht 2014 der neunte große Einschnitt an. Und nie war der Schritt so groß. Nicht nur die Antriebseinheit ändert sich, sondern auch gleich das ganze Auto. Und der gesamte Ansatz des Rennsports. Der Benzinverbrauch bestimmt die Leistung des Motors und damit auch das Tempo im Rennen. Vor 25 Jahren wurde der Turbomotor zu Grabe getragen. Die aufgeladenen 1,5 Liter Triebwerke machten 3,5 Liter Saugmotoren Platz, weil sich die Hersteller davon eine größere Relevanz für die Serie versprachen. 2014 vollzieht die Formel 1 aus dem gleichen Grund den Umkehrschluss. Vom 2,4 Liter-Achtzylinder-Sauger zum 1,6 Liter V6-Turbo mit integrierter Energierückgewinnung. Downsizing, Turbolader, Direkteinspritzung

②Der Antrieb

Aus dem Motor wird eine Antriebseinheit, bestehend aus einem Verbrennungsmotor, gekoppelt mit zwei Elektromotoren. Das neue Achtgang-Getriebe ist Teil der so genannten „Power Unit".

- ❶ V6 mit 90 Grad Zylinderwinkel und 24 Ventilen
- ❷ MGU-K: Rückgewinnung kinetischer Energie
- ❸ Ein Turbolader mit maximal 125 000/min
- ❹ MGU-H: Rückgewinnung thermischer Energie
- ❺ Batterie: Installation in Überlebenszelle ist Vorschrift
- ❻ Direkteinspritzung mit maximal 500 bar
- ❼ Ein Auspuffendrohr

– Hubraum: maximal 1600 cm³
– Maximale Bohrung: 80 mm
– Maximale Drehzahl: 15 000/min
– Benzinmenge für GP-Distanz: 100 kg (ca. 135 Liter)
– Maximale Durchflussmenge ab 10 500/min: 100 kg/Stunde
– Antrieb: Verbrennungsmotor, zwei Generatoren (MGU-K, MGU-H)
– Mindestgewicht Antriebseinheit: 145 kg
– Maximal 5 Antriebseinheiten pro Fahrer und Saison

– Max. erlaubte Speichermenge: 4 mJoule
– Laden der Batterie: max. 2 mJoule von MGU-K, unbegrenzt von MGU-H
– Maximale Energieabgabe: 2 mJoule/Runde: 160 PS für 33 Sekunden
– Entwicklung Antriebseinheit: Eingefroren von 1. März bis 30. November
– Getriebe: 8 Gänge, nur eine Übersetzung. Im Verlauf des Jahres darf eine Übersetzung geändert werden

> **„Die gesamte Entwicklung zielt auf maximale Effizienz ab. Auch die Aerodynamiker sind gezwungen, Abtrieb ohne Luftwiderstand zu finden"**

❸ Das Sport-Gesetz

– Jeder Fahrer bekommt ein Kontingent von je fünf Einheiten des Motors, Turboladers, der MGU-K, MGU-H, Leistungselektronik und der Batterie. Die Komponenten sind untereinander austauschbar. Wird zum ersten Mal eine sechste Einheit eines dieser Bausteine verwendet, muss der Fahrer zehn Startplätze zurück. Jede weitere Komponente, die zum sechsten Mal eingesetzt wird, kostet nur fünf Startplätze. Beim Einsatz der siebten Einheit geht das Spiel von vorne los. Wird das Komplettpaket getauscht, muss aus der Boxengasse gestartet werden

– Kleinere Vergehen werden mit fünf Sekunden Zeitstrafe geahndet. Entweder wird der Boxenstopp verzögert oder aufaddiert. Dafür gibt es keine Strafpunkte

– Ein Getriebe muss sechs Rennen lang halten. Bei vorzeitigem Wechsel muss der Fahrer fünf Startplätze zurück.

– Beim Saisonfinale in Abu Dhabi gibt es doppelte Punkte, also 50-36-30-24-20-16-12-8-4-2.

– Die Fahrer bekommen für jede Strafe Punkte. Wer innerhalb der letzten 12 Monate 12 Punkte und mehr anhäuft, wird ein Rennen gesperrt. Eine Verwarnung gibt einen Punkt, eine Durchfahrtstrafe zwei, eine 10 Sekunden-Stop-and-Go-Strafe drei. Für eine Rückversetzung um drei Startplätze wegen eines Regelverstoßes des Fahrer werden zwei Punkte angerechnet, bei fünf Startplätzen drei, bei zehn Startplätzen fünf.

– Jeder Fahrer darf sich eine Startnummer auf Lebzeiten aussuchen. Die Nummer 1 ist für den Weltmeister reserviert.

und Hybrid sind auch auf der Straße ein Verkaufsargument. Marketingmenschen umschreiben das mit dem schrecklichen Wort „Nachhaltigkeit".

Die Motorenhersteller standen vor einer Titanenaufgabe. Der neue Anspruch lautet: gleiche Leistung bei einem Drittel weniger Verbrauch. Vom Start bis zur Zieldurchfahrt stehen nur noch 100 Kilogramm Benzin zur Verfügung. Die letztjährigen 2,4 Liter-V8-Motoren verbrannten rund 150 Kilogramm Kraftstoff auf eine GP-Distanz. Weil die Tankgröße nicht vorgeschrieben ist, gilt ab sofort folgende Formel: Pro Stunde dürfen nicht mehr als 100 Kilogramm Kraftstoff verbrannt werden. Oder 135 Liter. Ein Durchflussmengen-Messgerät der Firma Gill Sensors kontrolliert, dass keiner schwindelt. Bis die ersten V6-Turbos im Auto ihre Premiere feiern, werden Ferrari, Mercedes und Renault jeweils rund 100 Millionen Euro investiert haben. Entsprechend teuer wird es für die Kunden. Sie werden pro Jahr mit 15 bis 25 Millionen zur Kasse gebeten.

Dafür werden beim Getriebe Kosten gespart. Es gibt nur noch acht statt 30 Übersetzungen im Jahr. Die Aerodynamik wurde weiter kastriert. Der Frontflügel ist schmaler, der Heckflügel hat ein Element weniger, und der Auspuff kann nicht mehr zum Abdichten des Diffusors zweckentfremdet werden. Es ist nur noch ein zentrales Endrohr im Heck erlaubt.

Formel 1 – Saison 2014 **11**

Von allen gejagt: Reißt Vettels Siegesserie nach vier Titeln?

Noch Mensch oder eher Maschine?

Sebastian Vettel und Red Bull haben in den letzten vier Jahren alle Pokale abgeräumt. Ist diese Kombination überhaupt noch schlagbar? Oder bekommt die Erfolgsmaschinerie erste Risse?

Bei ersten Tests in Jerez stand Red Bull oft in der Garage

Vettels Arbeitstage in Jerez waren kurz. Er fuhr elf Runden an zwei Tagen

Das haben nur Juan-Manuel Fangio und Michael Schumacher vorher geschafft. Sebastian Vettel schrieb mit seinem vierten WM-Titel in Folge GP-Geschichte. Doch keiner seiner Vorgänger legte einen solchen Alleingang hin wie der Red Bull-Pilot. Vettel gewann 2013 die letzten neun Rennen am Stück. Die Überlegenheit war derart erdrückend, dass weder ein schlechter Start noch ein versemmelter Boxenstopp die Siegesserie stoppen konnten.

Michael Schumacher durfte sich in seiner besten Ferrari-Saison 2004 keine Fehler erlauben. Hinten raus schwächelte die Erfolgs-Kombination. Kimi Räikkönen, Rubens Barrichello und Juan Pablo Montoya unterbrachen Schumachers Siegesserie in der zweiten Saisonhälfte. Juan-Manuel Fangio beendete die Saison seines fünften Titels 1957 mit zwei zweiten Plätzen. Der Maestro war bereits rennmüde und ging im Jahr darauf nur noch zwei Mal an den Start, bevor er zurücktrat. Schumachers Siegesserie riss 2005 ab. Schuld war eine kleine Anpassung im Reglement. Reifenwechsel im Rennen waren verboten. Ferraris Ausrüster Bridgestone fand dafür nicht die richtige Mixtur.

Regelreform ist Vettels Feind

Auch für Vettel sind die Regeländerungen der größte Feind. „Wäre alles so geblieben, hätte Red Bull auch 2014 das beste Auto gehabt", glaubt Fernando Alonso. Den Erfolg allein auf Adrian Neweys Wunderauto zu reduzieren, würde Vettel nicht gerecht. Der vierfache Weltmeister konnte mit diesem Auto glänzen, weil er es sich für seinen Fahrstil hat maßschneidern lassen. Und weil er sich in mühsamer Kleinarbeit im Simulator den Vorzügen dieses Autos angepasst hat. Teamkollege Mark Webber fehlte diese Verwandlungsfähigkeit. Deshalb hat der Australier kein Rennen gewonnen. Ein Red Bull-Cockpit war keine Sieggarantie.

Vettel hat Alonso nicht nur nach GP-Siegen und WM-Titeln überholt. Er hat ihm auch das inoffizielle Etikett des besten Fahrers im Feld abgejagt. Gerhard Berger bringt es auf den Punkt. „Bis vor einem Jahr habe ich Alonso auch noch als den komplettesten Fahrer gesehen. Aber nach 2013 setze ich Vettel an die erste Stelle. Alonso hat gezeigt, dass er nicht so ganz perfekt ist, wie ich geglaubt habe. Er hat in schweren Zeiten sein Team nicht gut geführt. So wie er Ferrari in der Öffentlichkeit kritisiert hat, war das nicht produktiv. Vettel hatte in der ersten Saisonhälfte auch seine Probleme, hätte auch das ein oder andere sagen können, aber er hat einfach ganz cool seinen Job gemacht und nachgelegt."

Vettels Fehlerquote ging gegen Null. Ein verpatzter Start in Suzuka, ein missglücktes

Überholmanöver in Budapest. Kleinigkeiten in einer Saison, die über 5793 Kilometer führte. Keiner überholte besser als Vettel, keiner verteidigte sich so gut. Mit neun Pole Positions war er auch der schnellste Mann auf eine Runde. 3635 Führungskilometer sprechen für sich. Alonso lag mit 448 Kilometern abgeschlagen auf Rang zwei.

Absolute Trefferquote

Vettel überließ nichts dem Zufall. Er hockte auch dann noch mit den Ingenieuren bis spät abends zusammen, als die WM längst entschieden war. Das resultierte in einer absoluten Trefferquote bei der Fahrzeugabstimmung. Lag er am Freitag mal daneben, war der Fehler bis zum Samstag erkannt und behoben. Der 39-fache GP-Sieger setzte jede Strategie des Teams perfekt um. Wie einst Michael Schumacher drehte er schnelle Runden auf Abruf. Und wenn ihn Rennigenieur Guillaume Rocquelin mit Rücksicht auf die Reifen mal zum Langsamfahren mahnte, war er immer noch schneller als die Verfolger, die sich die Seele aus dem Leib fuhren.

> **Vettel betrieb trotz der Siegesserie weiter Mentaltraining, obwohl man das bei seiner mentalen Stärke schon fast als überflüssig betrachten würde**

Vettel betrieb weiter Mentaltraining, obwohl man das bei seiner mentalen Stärke eigentlich als überflüssig betrachten würde. Trotzdem ging er regelmäßig mit seinem väterlichen Freund Aki Hintsa in Klausur. Es nagte am Weltmeister, dass er bei seinen Siegen hin und wieder ausgebuht wurde und dass andere in der Beliebtheitsskala über ihm rangierten, obwohl sie wie Kimi Räikkönen entweder gar nichts sagten oder wie Fernando Alonso des öfteren auch ein Wort zu viel. Das Volk liebt Verlierer. Abonnementsieger sind ihnen suspekt. Weil sie mehr Maschine als Mensch sind. Das war bei Michael Schumacher nicht anders. Juan-Manuel Fangio hatte damit nichts am Hut. Der Argentinier lebte noch nicht in einer medialen Welt, die alles auf Schritt und Tritt verfolgt. Sein Privatleben war so tabu wie das von Vettel. Nur bei Fangio hat es keinen gestört.

Formel 1 – Saison 2014

Weltmeister-Bonus: Vettel erklärt die Startschwierigkeiten von Red Bull

Red Bull hat sich in den letzten Jahren zum besten Team der Formel 1 aufgeschwungen. Viel erinnert an das Dreamteam von Ferrari zwischen 2000 und 2004. Die Truppe aus Milton Keynes ist von einem Mitläufer zur größten Macht im Zirkus gewachsen. Keiner hat so viel Geld, so kompetente Mitarbeiter auf allen Ebenen, so gute Werkzeuge, so viel Einfluss. Einer Sekte nicht unähnlich, schottete sich der Erfolgsrennstall nach außen ab. Deshalb wusste die Konkurrenz auch nicht, was hinter den verschlossenen Türen der Fabrik passierte. Daraus entstanden allerlei Verschwörungstheorien. Zum Beispiel: Dass es Red Bull mit der Ressourcenbeschränkung nicht so genau nimmt, oder dass auch in der Sommerpause weitergearbeitet wird.

Erst jetzt bröckelt das Imperium. Im Verlauf eines halben Jahres verließen fünf leitende Ingenieure den Rennstall. Red Bull ist nach vier WM-Titeln in Folge zum Gewinnen verdammt. Weil jede schlechte Nachricht das makellose Image beschädigen könnte. Deshalb werden alle Hebel in Bewegung gesetzt, Abonnementsieger zu bleiben. Dass Fahrer und Teamleitung im letzten Jahr alle 14 Tage die Pirelli-Reifen unter Beschuss nahmen, war eine konzertierte Aktion. Technikchef Adrian Newey glaubte, dass nur die Reifen der totalen Überlegenheit im Weg standen. Als sich Red Bull-Chef Dietrich Mateschitz nach der Niederlage in Barcelona bei Bernie Ecclestone wegen der Reifen ausheulte, gab das einen schönen Einblick in die Psyche der Seriensieger. Verlieren ist nicht mehr erlaubt.

Wer in einem kränkelnden Zirkus zwei Teams am Start hat, kann eine Drohkulisse aufbauen und eigene Ziele durchsetzen, auch wenn sie dem Sport schaden. Red Bull verweigert sich standhaft einer Kostendeckelung, weil man dabei Nachteile befürchtet. Die Begründung, dass eine Budgetüberwachung nicht möglich sei, ist eine Schutzbehauptung. Tatsächlich ist es so, dass die aktuelle Ressourcenbeschränkung viel mehr Schlupflöcher offen lässt. Die großen Teams wissen, wie man sie nutzt.

Zwei Teams als Drohkulisse

Kritiker behaupten, Red Bull habe Bernie Ecclestone und den Weltverband längst in der Tasche. Man sagte dem Formel 1-Zampano im Gegenzug bedingungslose Unterstützung zu, solange der Vorwurf der Bestechung von der Münchener Staatsanwaltschaft nicht bewiesen ist.

Red Bull hat sich bei Ecclestone fast so gute Konditionen ausgehandelt wie Ferrari. Pro Saison gibt es 72 Millionen Dollar extra. Dabei sind die einen seit 64 Jahren, die anderen erst seit 2005 dabei. Der Bonus, den der Limonadehersteller kassiert, reicht mit den Sponsoreinnahmen dazu aus, dass sich der Rennstall selbst trägt. Mit Hilfe des For-

Besorgte Miene: Der neue Red Bull und sein Renault V6-Turbo kamen beim ersten Test nicht in Schwung

Gute Laune trotz allem: Teamchef Horner und Red Bull-Chef Mateschitz nehmen die Pannenserie von Jerez locker

Das neue Dreamteam: Horner, Vettel, Ricciardo, Technikguru Newey

mel 1-Paten treibt man eigene Pläne voran. Zum Beispiel die Zulassung von Kundenautos. Wenn ToroRosso bei Red Bull einkaufen dürfte, wäre das B-Team zu geringeren Kosten erfolgreicher.

Auch mit dem alten Erzfeind FIA haben sich die Österreicher ins Bett gelegt. Red Bull vermarktet die Rallye-WM, Jean Todts altes Steckenpferd. Im Fahrerlager wird getuschelt: „Komisch, dass Red Bull seitdem bei der technischen Abnahme keine Probleme mehr hat. 2012 gab es alle drei Rennen Theater, weil sie einen Schritt zu weit gegangen waren." Trotzdem ist nicht alles kontrollierbar. Bei Red Bull geht die Angst um, Vettel könnte sich 2016 zu Ferrari verabschieden. Und Newey könnte die Lust verlieren, wenn das neue Reglement die Motoren zum Zünglein an der Waage macht.

Angeblich hat Red Bull für den Fall eines Börsenganges den Wunsch geäußert, einen Anteil von 15 Prozent zu kaufen. Lotus-Chef

> „ **Ricciardo wird nicht viel Zeit bekommen, sich in der Todeszone der Formel 1 zu akklimatisieren. Man gesteht ihm drei bis fünf Rennen zu** "

Gerard Lopez glaubt, dass die Salzburger mittelfristig ihr A-Team an Infiniti abgeben und als Chefvermarkter der ganzen Rennserie auftreten werden. So gewänne Red Bull immer. Infiniti-Mutter Nissan beteiligt sich bereits bei Renault Sport und will in den nächsten Jahren mehr als nur Titelsponsor des Teams und Namensgeber des Motors sein. Die Japaner helfen Renault im Bereich der Hybridbausteine, der Elektronik und der Batterien.

Ricciardo als neuer Vettel

Daniel Ricciardo ist ein Zugeständnis an die Mission, mit der Red Bull einst im GP-Sport angetreten war: Wir bringen junge Talente in die Formel 1. Der Australier wird nicht viel Zeit bekommen, sich in der Todeszone der Formel 1 zu akklimatisieren. „Daniel kennt das Team, unsere Arbeitsweise, unsere Ansprüche. Das verkürzt die Flitterwochen", konstatiert Teamchef Christian Horner. Drei bis fünf Rennen gesteht Berater Helmut Marko seinem Schützling zu. Sein Credo: Ein guter Fahrer muss jeden Druck aushalten. Manche zerbrechen daran, dass es weniger Zuckerbrot und mehr Peitsche gibt. Felix da Costa ist so ein Beispiel. Der

Red Bulls RB10 ist so zierlich, als wäre er für die V8-Ära gebaut

Portugiese hatte den Auftrag, die Renault-Weltserie zu gewinnen. Er vergeigte den Titel. Daniil Kvyat bootete da Costa aus.

Pannenreicher Testbeginn

Wer vier Mal in Folge die Weltmeisterschaft gewinnt, darf Mitleid nicht erwarten. Red Bulls Gegner hoffen insgeheim, das neue Reglement möge dem Titelverteidiger ein Bein stellen. Die ersten Testfahrten in Jerez haben den Kontrahenten die Angst genommen, dass auch diese Saison für Red Bull zum Durchmarsch wird. Vettel und Ricciardo drehten an vier Tagen nur 21 Runden. Macht 93 Kilometer. Mercedes legte im gleichen Zeitraum 1368 Kilometer zurück, Ferrari immerhin 1111. Unter der Verkleidung des RB10 wurde es zu heiß. Renault beklagte Probleme mit der Energiespeicherung und der Ladedruck-Kontrolle des Turboladers. Das neue Auto war erst in letzter Sekunde fertig geworden.

> **Red Bull lässt alle spüren, dass man von den neuen Regeln nichts hält. Vettel sind die neuen Motoren zu leise und die neuen Autos zu langsam**

Das muss nicht viel heißen. 2009 und 2010 ließ Red Bull den ersten Testtermin sogar ganz sausen. Trotzdem wurde man hinterher Weltmeister oder Vize-Champion. Die Nummer eins im Feld hat ihr Troubleshooting perfektioniert. Man reagierte auf den Doppeldiffusor, den man verschlafen hatte, den F-Schacht, das Verbot des angeblasenen Diffusors, die Einschränkungen beim Verbiegen des Frontflügels und bei den Motorkennfeldern. Kein Versuch der Regelhüter, Red Bulls Kreise zu stören, zeigte Wirkung.

Zu abhängig vom Motor

Die Startschwierigkeiten 2014 haben eine neue Dimension. Red Bull ist diesmal abhängig von Renault und anderen Lieferanten. Das macht Newey Sorge: „In der ersten Saisonhälfte können wir von einer Motorenformel sprechen. Da wird die Standfestigkeit einen Unterschied machen. Der komplexe Antriebsstrang macht uns von vielen Partnern abhängig. Nicht alle sind es gewohnt, im Formel 1-Tempo zu arbeiten. Schlimmstenfalls kann es zu Material-Engpässen kommen."

Der Stardesigner der Branche ärgert sich, dass der Verband in seinem Hoheitsgebiet

Die Gegner

■ Mercedes geht bestens gerüstet in die Saison, die den Silberpfeilen den WM-Titel bringen soll. Wenn nicht jetzt, wann dann? Nie standen die Zeichen so gut. Die Antriebseinheit aus Brixworth gilt als die beste im Feld. Sie zeigte früh Standfestigkeit, und die Systeme kommunizieren nach Plan miteinander. Die Chassis-Ingenieure haben ein Auto mit vielen Innovationen auf die Räder gestellt. Schon im Vorjahr kratzte Mercedes phasenweise am Lack von Red Bull.

Ferrari hat sich ohne große Rauchzeichen auf das Jahr vorbereitet, das den ersten WM-Titel seit 2007 bringen muss. Ausgerechnet der Motor, dem man am wenigsten zutraut, funktionierte klaglos. Ferrari fuhr in der Testphase auf Augenhöhe mit Mercedes. Mit Alonso und Räikkönen sitzt die bestmögliche Fahrerpaarung im Cockpit. Die früheren Lotus-Ingenieure James Allison und Dirk de Beer bringen frischen Wind in die Designabteilung.

McLaren scheint nach einem Jahr Pause wieder da zu sein. Das neue Auto hinterließ in der Testphase einen exzellenten Eindruck. Ein Entwurf mit zwei, drei exklusiven Ideen. Kevin Magnussen erinnert an den jungen Hamilton. Ron Dennis hat sich an die Macht zurückgeputscht. Sein größtes Handikap ist der Vertrag mit Honda, der 2015 in Kraft tritt. Bei Mercedes ist McLaren aus verständlichen Gründen nur das vierte Rad am Wagen. Der Motorenlieferant tut alles, um einen Datentransfer zu Honda zu verhindern.

Lotus spielt wieder die große Unbekannte. Altschulden belasten den Etat. Das Technikbüro ist in der Zeit der Ungewissheit ausgeblutet. Dank neuer Sponsoren kommen wenigstens keine neuen Verbindlichkeiten hinzu. Teambesitzer Gérard Lopez hat jetzt den Etat, mit dem er die Topteams ärgern will. 170 Millionen Euro pro Jahr. In Enstone entstand das ungewöhnlichste Auto der neuen Formel 1-Generation. Wenn es so schnell ist, wie es aussieht, müssen sich die Favoriten warm anziehen. Einziges Manko: Lotus ist von Renault so abhängig wie Red Bull.

die Daumenschrauben immer fester anzieht. Die Aerodynamik wird weiter wichtig bleiben, aber sie ist nicht mehr der einzige Faktor für eine schnelle Rundenzeit.

Red Bull lässt alle spüren, dass man von den neuen Regeln nichts hält. Vettel findet den Sound der neuen Motoren langweilig und die Autos zu langsam. Teamchef Horner kritisiert die hohen Kosten. „Ich dachte, wir wollten sparen. Die neuen Motoren kommen zur falschen Zeit." Newey hält es für Augenwischerei, wenn man von grünem Motorsport spricht. Und Oberindianer Dietrich Mateschitz lässt anklingen, dass eine zu große Abhängigkeit von den Motoren ein Zustand sei, der Red Bull aus der Formel 1 vertreiben könnte. Fast wie auf Bestellung kritisierte auch Bernie Ecclestone sein Produkt. Er findet die neuen Motoren zu teuer, zu leise und zu schwachbrüstig. Der große Zampano weiß: Mit Red Bull darf er es sich nicht verscherzen.

Mercedes ist der große Herausforderer von Red Bull

McLaren will nach der Pleitesaison von 2013 wieder um den Titel kämpfen

Ferrari macht den Titel zur Pflicht. Es wäre der erste seit 2007

EF1 1980

Der Renault EF1-V6-Turbo der 80er Jahre war mit zwei Turboladern bestückt. Die Auspuffgase wurden über vier Endrohre entsorgt. In seiner stärksten Version 1986 leistete das 1,5 Liter-Triebwerk 1050 PS

Renault Turbo

Energy F1 2014

Die neue Antriebseinheit von Renault ist im Vergleich zum alten V6-Turbo ein kompakter Motor. Es gibt nur einen Turbolader und ein Auspuffendrohr. Im Zusammenspiel mit ERS schafft der Motor 860 PS

Für Renault beginnt alles wieder von vorne. Die Franzosen waren der Turbo-Pionier der Formel 1. 37 Jahre nach dem Debüt des ersten Renault V6-Turbo beginnt für die Ingenieure in Viry-Chatillon die zweite Turbo-Ära. Ein Vergleich.

– die Zweite

Problemzone 1
Installation und Kühlung

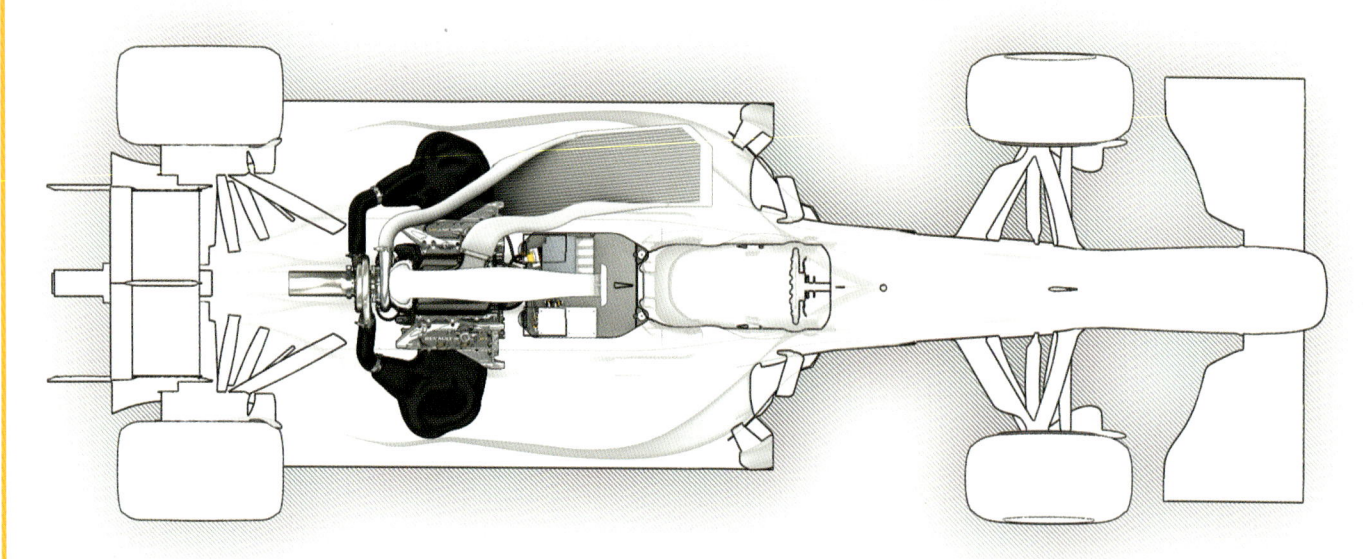

■ Die Installation der Antriebseinheit und der Kühlung ist die große Aufgabe der Chassis-Ingenieure. Der V6-Turbo selbst nimmt weniger Platz als der alte Achtzylinder ein. Auch die herkömmlichen Wasser- und Ölkühler sind kleiner. Dafür braucht der Turbomotor einen Ladeluftkühler. Der sitzt bei den meisten Autos im linken Seitenkasten. Auch die Steuergeräte müssen gekühlt werden. Die 25 Kilogramm schwere Batterie liegt unter dem Tank in der Überlebenszelle. Da nur ein Turbolader erlaubt ist, gibt es auch nur ein Auspuff-Endrohr, das den Regeln entsprechend zentral austreten muss.

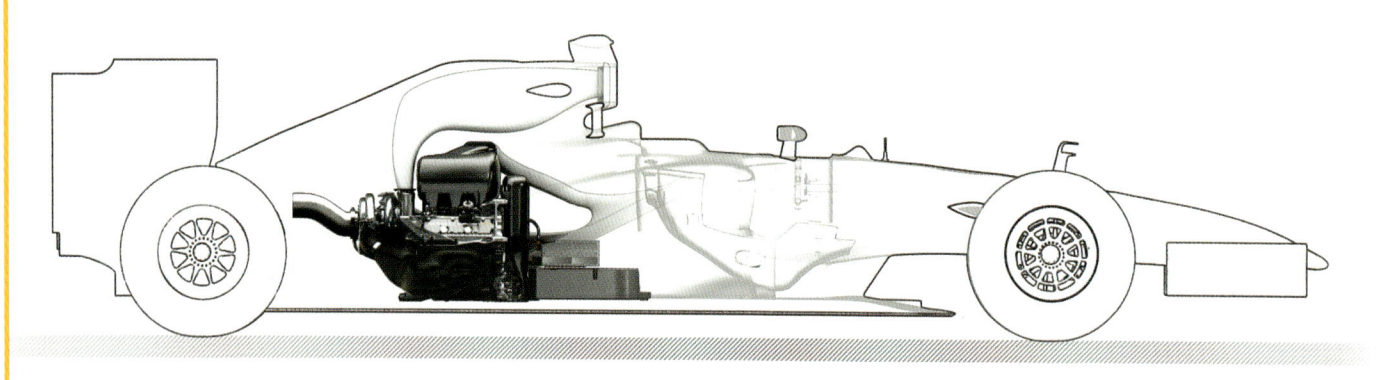

Der 16. Juli 1977 hat Formel 1-Geschichte geschrieben. An diesem Tag stand ein gelbes Auto in Silverstone auf dem 21. Startplatz. Ein Renault mit einem 1,5 Liter Turbomotor im Heck. Das Reglement erlaubte seit 1966 aufgeladene Triebwerke mit halbem Hubraum, doch keiner gab diesem Konzept eine Chance. Bis Renault den Mut zum Risiko bewies. Nach 16 Runden ging die Premiere mit einem Turboladerschaden zu Ende.

Es war eine Zeit großer Verluste. Renault bezahlte für sein Experiment gegen alle guten Ratschläge mit unzähligen Schäden an Turbolader, Motor und Getriebe. Besserung trat erst ein, als man begann, die Ladeluft zu kühlen und kleinere Turbolader zu verwenden. Zwei Jahre nachdem die englische Formel 1-Fraktion die Franzosen als „yellow tea pot" verspottet hatte, gewann Jean-Pierre Jabouille den GP Frankreich 1979. Ab da standen die Zeichen im Mutterland des Motorsports auf Alarm. Und die anderen Motorenhersteller sprangen auf den Zug auf. Ferrari rüstete 1981 als zweites Team auf Turbo-Power um. Dann kamen BMW, Porsche, Alfa Romeo und Honda dazu. Auch Bastler wie Brian Hart oder Motori Moderni versuchten sich, und das nicht einmal schlecht. Teo Fabi fuhr den Toleman mit dem Vierzylinder-Hart beim GP Deutschland 1985 auf die Pole Position.

Jenseits von 1000 PS

Renault begann mit 510 PS. Der Kulminationspunkt war 1986 erreicht, als der kleine Sechszylinder im Qualifikationstrim 1050 PS schaffte. BMW kam sogar auf 1430 PS. Danach verabschiedete sich Renault aus der Turbo-Ära. Die Turbopioniere waren frustriert, weil andere auf dem Boden ernteten, den Renault bestellt hatte. 1982 und 1983 verschenkte die Truppe aus Viry-Chatilon die WM-Titel durch mangelnde Standfestigkeit. Und auch, weil man nicht schlitzohrig genug war. BMW nutzte eine Grauzone im Reglement und braute im Chemielabor klopffesten Spezialsprit. Das hielt die bayerischen Vierzylinder am Leben.

Die Zeiten haben sich geändert. Im Vergleich zu Renaults erster Turbo-Serie ist die neue Antriebseinheit ein Ungeheuer. Der Hubraum stieg im Vergleich zu damals zwar nur um 100 Kubikzentimeter, doch rund herum ist alles anders: Direkteinspritzung, Elektromotoren, ein Turbolader statt zwei. Pro Stunde dürfen nur 100 Kilogramm Sprit verbrannt werden. Das entspricht einer Reduzierung um 40 Prozent im Vergleich zu den letztjährigen V8-Motoren. In der alten

Im Renault RE60 von 1985 waren die Ladeluftkühler direkt vor den Turbos eingebaut

Problemzone 2
Power-Management

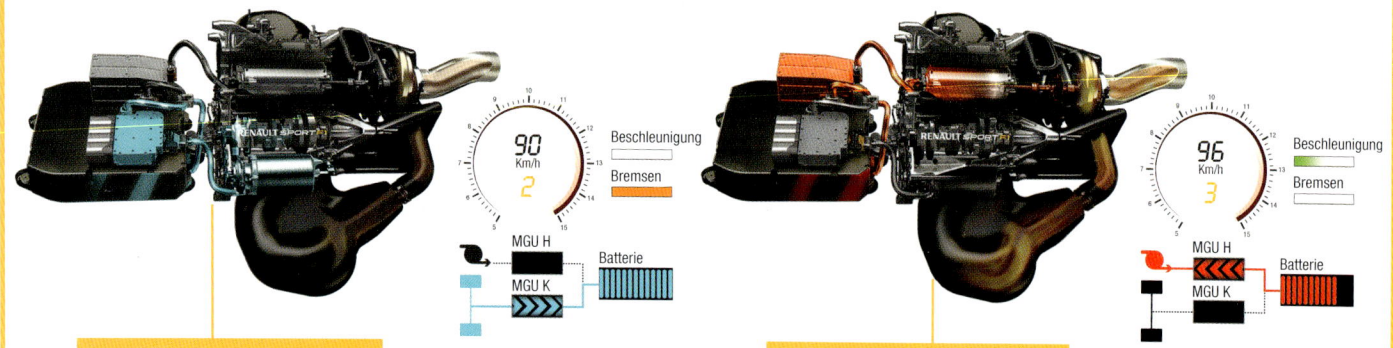

Bremsen

MGU-K speist Batterie

Beim Bremsen wird die kinetische Energie des Verbrennungsmotors über den Generator MGU-K in die Batterie eingespeist. Der Turbolader liefert keine Power. Er dreht beim Runterschalten immer nur kurz bei Kraftschluss hoch. Überschüssiger Druck wird abgeblasen.

Beschleunigung

Elektromotor hilft Turbolader

Die große Turbine hat ein relativ träges Ansprechverhalten. Ohne Unterstützung vom Elektromotor würde das Turboloch zwei Sekunden dauern. Beim Beschleunigen treibt deshalb der Elektromotor den Turbolader an, bis genügend Druck von den Auspuffgasen aufgebaut ist.

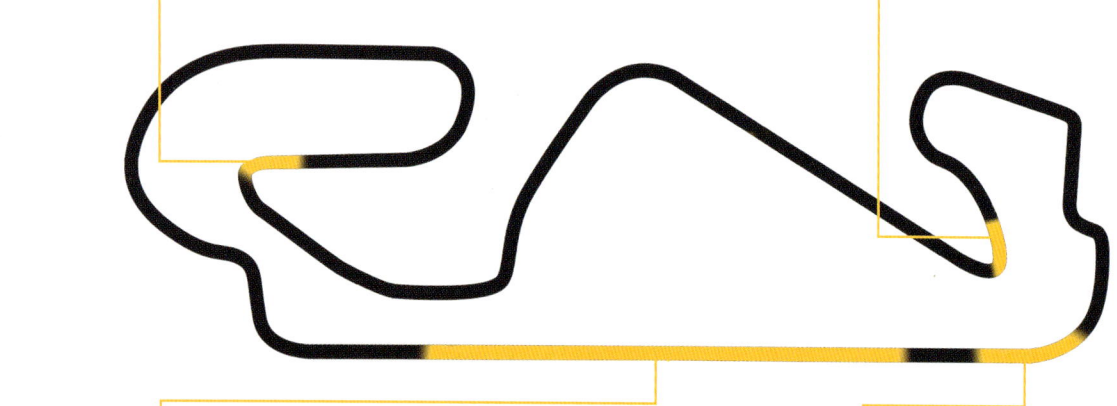

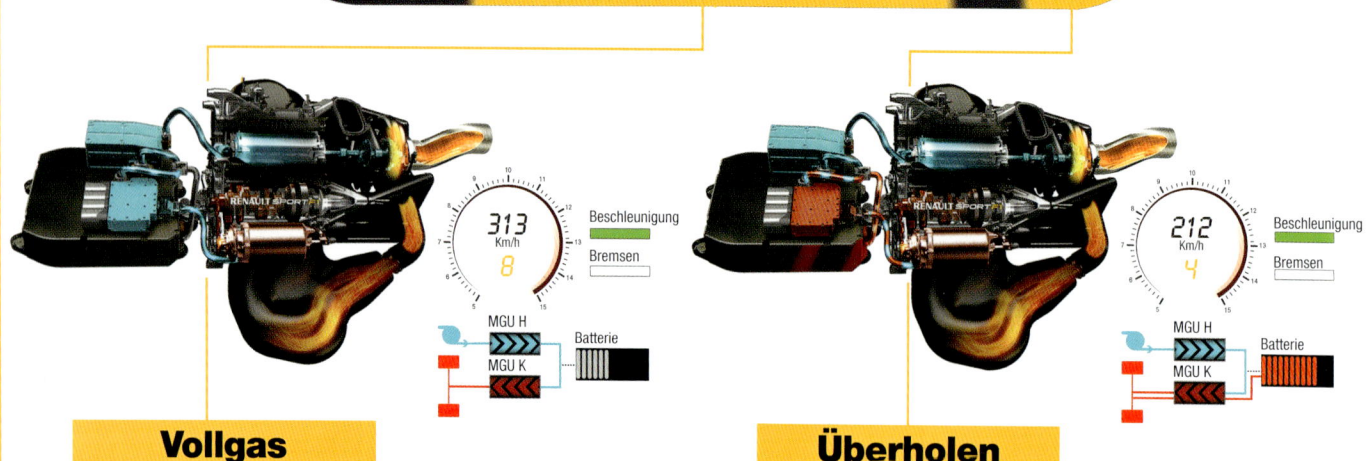

Vollgas

Turbolader lädt und gibt Power

Bei Vollgas wird der Turbolader zum Alleskönner. Einerseits komprimiert er die Ladeluft für maximale Power, andererseits wird überschüssiger Druck über die MGU-H dazu genutzt, die Batterie zu laden. Die MGU-K gibt gleichzeitig elektrische Leistung an den Antrieb ab.

Überholen

Bei voller Power bis zu 860 PS

Beim Überholvorgang wird kurzfristig die volle Power abgerufen. 700 PS vom Verbrennungsmotor, 160 PS von der Elektromaschine. Da bei mehr als 3,5 bar Ladedruck das Gemisch abmagert, speist die MGU-H überschüssige Energie direkt in die Elektromaschine MGU-K ein.

Turbo-Ära inhalierten die Motoren auf einer Qualifikationsrunde doppelt so viel Benzin. Im Rennen stehen 2014 vom Start bis ins Ziel 100 Kilogramm Kraftstoff zur Verfügung. 35 Prozent weniger als 2013 und 31 Prozent weniger als 1986, als die Tankmenge im Rennen auf 195 Liter begrenzt war. Auch die Entwicklungsprozesse haben sich verändert. Trial and Error, das war einmal. Heute helfen dynamische Prüfstände und Simulationen den Ingenieuren bei ihren Hausaufgaben.

Das Motorenkonzept blieb gleich. Damals wie heute ist es ein V6 mit 90 Grad Bankwinkel. Auch bei Bohrung und Hub kommen sich die zwei Motorgenerationen ziemlich nahe. Die Bohrung differiert nur um 0,1 Millimeter. 80,0 zu 80,1. Der Hub fiel in den 80er Jahren mit 49,4 zu 53,0 Millimeter kürzer aus. Was auch an 104 Kubikzentimeter weniger Hubraum liegt.

Turbolader ein Alleskönner

Der neue Turbolader muss ein Alleskönner sein. Trotzdem braucht er Hilfe von außen. Er versorgt die Brennräume mit hoch komprimierter Luft, treibt aber auch einen Generator an, der Strom an die Batterie oder direkt an den Elektromotor liefert. Um nicht in das berühmte Turboloch zu fallen, wird das Turbinenrad beim Hochbeschleunigen für eine kurze Zeit elektrisch angetrieben, so lange, bis die Auspuffgase genug Druck aufgebaut haben, um von selbst die nötige Drehzahl zur Verdichtung der Ansaugluft aufzubauen. Das garantiert ein Ansprechverhalten wie beim Saugmotor.

Neu sind die beiden Elektromotoren MGU-K und MGU-H. Hinter dem Kürzel MGU verbirgt sich das englische Wort motor generator unit. K steht für kinetische, H für thermische Energie. Die MGU-K ist direkt mit der Kurbelwelle verbunden und lädt die Batterie in den Phasen auf, in denen sich der Motor im Schleppbetrieb befindet. Bei der MGU-H ist es umgekehrt. Sie kann nur laden, wenn der Turbolader überschüssige Energie entwickelt. Also bei Vollgas. Da wird ein Teil der Turbinenleistung zur Verdichtung der Luft verwendet, ein anderer zum Aufladen der Batterie. Obwohl die MGU-H wie ein Wastegate-Ventil arbeitet, kann man auf dieses Überdruckventil nicht verzichten. Es ist eine Art Sicherheitsnetz, dass der Ladedruck nicht eine bestimmte Grenze übersteigt. Renault wird seinen Turbo in diesem Jahr im Schnitt mit 3,5 bar betreiben. 1986 wurde mit bis zu fünf bar gefahren.

860 PS sind möglich

Die MGU-K darf beim Bremsen pro Runde eine Energie von zwei MegaJoule speichern, die MGU-H unbegrenzt. Pro Runde ist aus dem Energievorrat die Abgabe von zwei MegaJoule erlaubt. Das ergibt 160 PS für 33 Sekunden. Wenn die maximal erlaubte Benzinmenge eingespritzt wird, sind bis zu 860 PS möglich. Die Batterien fallen größer und schwerer aus als bisher und wiegen rund 25 Kilogramm. Das ließ das Gewicht der Antriebseinheiten in einigen Fällen über die Mindestgrenze von 145 Kilogramm ansteigen. Hört sich gemessen an den 95 Kilogramm für einen V8 von 2013 nach viel an, ist es aber nicht. 1986 wog der Renault V6 allein jene 145 Kilogramm, die heute die Obergrenze darstellen.

Die große Kunst ist es, die Power so zu verteilen, dass dabei die bestmögliche Rundenzeit bei der zur Verfügung stehenden Spritmenge herauskommt. Beim Bremsen wird die vom Motor produzierte Energie von der MGU-K in die Batterie eingespeist. Sie arbeitet in dieser Phase als Generator. Unter Beschleunigung treibt zunächst die MGU-K die Turbine an. Dann arbeitet der Turbolader mit maximaler Drehzahl. Jetzt ist die

> **„Wir wurden von einigen Problemen überrascht. Sie sind am Prüfstand nicht so aufgetreten wie später im Fahrbetrieb"**
>
> Renault-Einsatzleiter
> Remi Taffin

Von 510-1430 PS
Die erste Turbo-Ära

■ Es war eine schöne, wilde Zeit. Sie dauerte zwölf Jahre. Renault traute sich 1977 als erster Hersteller mit einem 1,5 Liter Turbomotor an den Start. Die Franzosen wurden belächelt, weil sich keiner vorstellen konnte, mit dem halben Hubraum gegen die Dreiliter-Saugmotoren anzukommen. Renault zahlte viel Lehrgeld, bis Jean-Pierre Jabouille 1979 in Dijon der erste GP-Sieg für die Abenteurer aus Viry-Chatilon gelang. Danach lachte keiner mehr. Ferrari, Alfa Romeo, BMW, Porsche und Honda drängten in den Markt. Mit allen erdenklichen Konzepten. Vierzylinder in Reihe, V6 und V8. Die Motorleistung kletterte von 510 PS auf unfassbare 1430 PS im Jahr 1986. „Es war der Ritt auf der Kanonenkugel", beschrieb Gerhard Berger das Gefühl, wenn der volle Schub einsetzte. Ab 1987 mussten Verbrauchsformeln und Überdruckventile den Geist wieder einfangen, der aus der Flasche geflüchtet war. Aber erst 1989 wurden zwangsbeatmete Motoren verboten. Die englische Formel 1-Fraktion wehrte sich gegen die Turbos, als stünde die Pest vor der Tür. Sie gerieten in Abhängigkeit der Motorenhersteller, die gleichzeitig ihre Gegner waren. Die Turbo-Motoren befeuerten einen Krieg, der die Formel 1 fast entzweit hätte. Auf der einen Seite die Automobilhersteller, auf der anderen die Garagisten. Oder der Weltverband gegen Bernie Ecclestone. Der Streit führte 1981 zum ersten Concorde Abkommen. Sport ist selten gerecht. Der Turbo-Pionier Renault ging leer aus. Den Lorbeer ernteten andere. BMW 1983, Porsche von 1984 bis 1986. Honda 1987 und 1989. Renault verabschiedete sich Ende 1986 von der Turbo-Ära.

Im Jahr 1979 gelang Renault der erste Turbo-Sieg. 1980 startete René Arnoux (Bild) mit zwei Siegen in die Saison. Zum Titel reichte es nicht

Mit und ohne Werksteam
Renault und seine Kunden

Damals

1982 hatte Alain Prost den Titel auf dem Fuß. Doch der Franzose fiel in 16 Rennen zehn Mal aus

Renault belieferte auch Kundenteams. Lotus (Bild) gehörte genauso zum Kundenstamm wie Ligier und Tyrrell

1985 wurde für Renault zum Pleitejahr. Kein Sieg, Platz vier mit nur 38 Punkten. Danach sperrte die Regie das Werksteam zu

Heute

Red Bull ist das inoffizielle Werksteam von Renault. Der Motor soll aber aus Marketinggründen Infiniti V6 getauft werden

Caterham zählt seit 2012 zur Klientel von Renault. Das grüne Auto schaffte beim ersten Test die meisten Kilometer

ToroRosso wechselte von Ferrari- zu Renault-Motoren. Das erlaubt mehr Synergien mit dem großen Bruder Red Bull

MGU-H ein Generator und zweigt die überschüssige Energie, die nicht zum Verdichten der Ansaugluft gebraucht wird, entweder direkt in den Elektromotor oder in die Batterie ab. Der Computer entscheidet je nach Strategie, wie groß der Anteil ist, den die elektrische Maschine zur Power beisteuert. Muss Sprit gespart werden, ist er größer. Bei Vollgas auf der Geraden ist es ähnlich. Will der Fahrer überholen, wird die ganze elektrische Energie unter Umgehung der Batterie in das System eingespeist. Ist Spritsparen angesagt, zweigt die MGU-H mehr Rotationsenergie vom Turbolader in die Batterie ab. Damit reduzieren sich der Ladedruck, die Power und der Benzinverbrauch.

Computer bestimmt das Tempo

Renault-Chefingenieur Naoki Tokunaga erklärt die komplizierten Vorgänge der Rekuperation und Leistungsabgabe: „Das Energiemanagement ist extrem wichtig. Es entscheidet, wie viel Power wir aus der Kraftstoffverbrennung und wie viel aus den Batterien einsetzen. Die Aufgabe ist es, genau die Grenze zu finden, in der Spritverbrauch und Rundenzeit im optimalen Fenster liegen. Wir nennen es die ‚Minimum-Rundenzeit-Grenze'. An der werden wir die ganze Zeit entlangfahren. Dieser ‚Power-Plan' wird vom Computer berechnet und verwaltet. Der Fahrer kriegt davon nichts mit. Er kann sich voll auf das Rennen konzentrieren."

> „ **Es wird nicht am Motor liegen, wenn die Rundenzeiten langsamer werden. Power ist mehr als genug vorhanden** "
>
> Renault-Motorenchef
> Rob White

Hat der Fahrer damit keine Einflussmöglichkeiten mehr? Tokunaga widerspricht: „Er kann weiterhin zwischen unterschiedlichen Motor-Programmen auswählen und damit das Kontrollsystem außer Kraft setzen, zum Beispiel, wenn er überholen will. Wer es übertreibt, muss später mehr Benzin sparen. Voller Boost geht im Rennen vielleicht ein oder zwei Runden." Renaults Chefingenieur prophezeit, dass die Fahrer ihren Fahrstil anpassen müssen. „Wenn der Fahrer Vollgas gibt, übernimmt das Kontrollsystem die Power-Verteilung unter der Vorgabe, so schnell wie möglich mit der noch zur Verfügung stehenden Spritmenge zu fahren. Vollgas heißt deshalb nicht mehr unbedingt Vollgas. Es ist für das Kontrollsystem nur der Hinweis, dass der Fahrer jetzt maximale Power will. Die Leistungsabgabe kann aber je nach den Umständen unterschiedlich ausfallen."

Vollgas ist nicht Vollgas

Renault-Motorenchef Rob White zerstreut die Befürchtungen, dass die V6-Turbos im Vergleich zu den alten Achtzylinder-Motoren Luftpumpen sind. „Es wird nicht am Motor liegen, wenn die Rundenzeiten langsamer werden. Wir können jetzt schon am Prüfstand sehen, dass unsere Erwartungen in Bezug auf die Leistung übertroffen wurden. Die Power wird mehr als genug sein. Was sich ändert, ist die Art der Leistungsabgabe. Und das lässt viele Strategien und Unwägbarkeiten zu. Ich erwarte interessante Rennen." Renault hat es bei den Testfahrten leidvoll erfahren. Beim ersten Test in Jerez gab es Ärger mit dem Ladevorgang und der Abstimmung des Turboladers.

Ungleiche Brüder
Turbomotoren im Vergleich

Das Turbo-Abenteuer von Renault begann 1977 mit 510 PS. Doch der stärkste Motor der ersten Turbo-Ära wurde erst 1986 gebaut. Es war der erste, bei dem die Ventile pneumatisch betrieben wurden. Der EF15DP gab im Qualifikationstrim 1050 PS ab. Wir vergleichen ihn mit der Antriebseinheit von 2014.

	1986	2014
Hubraum	1494 cm³	1598 cm³
Bohrung	80,1 mm	80,0 mm
Hub	49,4 mm	53,0 mm
Ventile	24	24
Zylinderwinkel	90 °	90 °
Leistung	1050 PS	860 PS
Max. Drehzahl	12 800/min	15 000/min
Turbolader	Garrett	?
Nockenwellenantrieb	Zahnriemen	Stirnradsatz
Hybridantrieb	-	MGU-K+MGU-H
Gewicht	145 kg	145 kg
Benzinverbrauch	195 l	135 l

Renaults neuer V6 hat 1,6 Liter Hubraum. Er braucht halb so viel Sprit wie vor 30 Jahren

Die Suche nach dem

Keine Regel ohne Schwachstelle. Das neue Technikreglement war für die Ingenieure eine Herausforderung. Sie haben die gut gemeinten neuen Vorschriften der FIA schon längst wieder mit schlauen Lösungen attackiert.

Schlupfloch

Vorhang auf: Vettel und Ricciardo enthüllen in Jerez den neuen Red Bull RB10

Formel 1 – Saison 2014

❶ Nasen

Formel 1-Auto oder Ameisenbär? Die Nase des Force India VJM07 ist extrem dünn

Gleiches Prinzip wie bei Force India: Die Dünne Nase schafft Platz für die Strömung

Die Nase des Williams erfüllt die Höhenvorschrift und den Crashtest

Caterham hält die Nase dünn und tief. Dafür ist links und rechts Platz für die Luft Richtung Heck

Das Monster ist aus dem Käfig. Man konnte es in Jerez zum ersten Mal sehen, hören und fühlen. Es kommt leise daher, ein bisschen behäbig und gar nicht aggressiv. Die neuen Nasen der Autos sehen aus, als hätte man sie für einen Comic-Film entworfen. Das regte zu Vergleichen mit dem Tierreich an. Es gibt Ameisenbären, Nasenaffen, Delphine, Elefanten und Rochen. Die Ingenieure waschen ihre Hände in Unschuld. Selbst ein Ästhet wie Red Bull-Technikchef Adrian Newey sagt: „Für uns steht die Rundenzeit an erster Stelle. Das Styling ist zweitrangig."

Von Hässlichkeit überrascht

Kein Reglement ist kugelsicher. Die erste Aufgabe der Ingenieure ist es, Schlupflöcher zu suchen. Die neuen Chassis-Regeln waren noch nicht richtig gedruckt, da hatten die Techniker schon eine Antwort auf die tiefer gelegten Nasen parat. Die Aerodynamiker wollen so viel Luft wie möglich unter dem Auto durchleiten, um den Diffusor zu füttern. Dabei aber steht die Nase im Weg, die fünf Zentimeter hinter ihrer Spitze nur noch 18,5 Zentimetern hoch sein darf. Das ist 36,5 Zentimeter tiefer als im letzten Jahr. FIA-Rennleiter Charlie Whiting verteidigt sich gegen Vorwürfe, man hätte die Regeln intelligenter schreiben können: „Wir können uns als Regelhüter nicht den Kopf darüber zerbrechen, ob die Nasen ästhetisch aussehen oder nicht. Was uns aber umtreibt, ist, ob sie den Zweck erfüllen, den wir mit den Regeln beabsichtigt haben. Wir haben in guter Absicht für die Sicherheit gehandelt, aber wir sind keine Designer. Auch wir wurden bei den Crashtests überrascht, wie hässlich manche der Nasen sind."

> **Die Nase des Lotus E22 ist keine Sinnestäuschung. Es ist Absicht, dass die beiden Frontflügel-Pfeiler ungleich lang sind. So verlangen es die Regeln**

Nasen aus Pappkarton

Die Regelhüter brachten Sicherheitsbedenken gegen die hohen Nasen vor. Labortests ergaben, dass bei einem Auffahrunfall das hintere Auto nicht so schnell aufsteigt, wenn die Nase niedrig ist. Red Bull-Technikchef Adrian Newey warnt, dass jetzt das Gegenteil passieren könnte. „Das auffahrende Auto könnte unter das andere rutschen." Die FIA-Experten halten die Gefahr des Tunnelns für geringer als die des Aufsteigens. „Eine ideale Lösung für alle Unfallszenarien gibt es nicht", erklärt FIA-Rennleiter Charlie Whiting. „Was wir jetzt haben, ist die bestmögliche."

In der Theorie. Die Praxis sieht anders aus. Jede der neuen Nasen erfüllt zwar den Crashtest, aber nicht so, wie es die Sicherheitsapostel gerne hätten. Bei vielen Autos falten sich die ersten 15 Zentimeter der Nase zusammen, als wäre sie aus Pappkarton. Erst dann beginnt die harte Struktur. Dort aber ist die Nase schon fast wieder so hoch

Formel 1 – Saison 2014   31

② Flügel

Mercedes-Frontflügel: Ein Kunstwerk aus acht Elementen

Red Bull: Zerklüfteter Frontflügel zur Vermeidung von Strömungsabriss

ToroRosso: Ein Flügel auf dem Diffusor, einer über dem Auspuff

wie im letzten Jahr. Whiting erklärt: „Das erfüllt den Buchstaben, aber nicht den Geist des Reglements. Deshalb könnte es 2015 Anpassungen im Text geben. Zum Beispiel, dass wir Symmetrie einfordern, dass wir für die ersten 150 Millimeter der Knautschzone nicht nur eine maximale, sondern auch minimale Verzögerung verschreiben, und dass wir die für die Höhe relevante Fläche nicht nur vergrößern, sondern mehrere dieser Flächen auch weiter hinten verlangen. Dann würden die abrupten Übergänge von einem Querschnitt zum anderen vermieden."

Zwei Konzepte, fünf Unterarten

Die Ingenieure ließen sich zwei unterschiedliche Nasentypen in fünf Unterarten einfallen. Bei Ferrari, Mercedes und Caterham endet die Nasenattrappe über dem Frontflügel, bei den anderen davor. Die Lösung, bei der die Nase den Frontflügel nicht überlappt, stört die Strömung über den Flügel weniger. Das Auto ist deshalb einfacher auszubalancieren. Während sich die Nase des Ferrari F14 T wie die einer Ente nach unten duckt und in die Breite baut, gewinnt Mercedes Höhe mit einem Trick. Vor der eigentlichen Nase ist ein hufeisenförmiger Ring angebracht. Caterham lässt das Chassis in einem breiten Keil kurz vor der Vorderachse enden. Aus dieser Plattform wächst

> **Caterham lässt das Chassis kurz vor der Vorderachse enden. Es wäre eine Bankrotterklärung, wenn das grüne Ungetüm auch noch schnell wäre**

eine spitze Röhre, die fast mit dem Frontflügel abschließt. Links und rechts ist viel freier Raum, die Luft ungehindert nach hinten strömen zu lassen. Es wäre eine Bankrotterklärung, wenn das grüne Ungetüm auch noch schnell wäre.

Die andere Fraktion besteht aus drei Spielarten. Populärster Beitrag ist der Ameisenbär. McLaren, Force India, Sauber und ToroRosso folgen diesem Prinzip. Bis zur Frontflügelaufhängung ist alles wie früher, die Nase so hoch wie eh und je. Dann wächst aus dieser Struktur ein dünner Rüssel nach unten, der die Höhenvorschrift erfüllt. Sauber fand mit seiner spitz zulaufenden Nase

noch den elegantesten Weg. Red Bull, Williams und Marussia senken die Nase in einem dezenten Schwung ab, aber nicht ganz so weit, wie es die Regeln vorschreiben. Ein Kiel vornedran erfüllt die Crashtest-Vorschrift.

Lotus lieferte den kuriosesten Beitrag. Aus der Frontpartie wachsen zwei ungleich lange Stoßzähne, an denen der Frontflügel hängt. Der Unterschied beträgt 5,1 Zentimeter, und das ist keine optische Täuschung, sondern reglementarische Notwendigkeit. Wären die Pfeiler gleich lang, oder der linke etwa nur vier Zentimeter kürzer, wäre das Auto illegal. Dann nämlich läge das Zentrum der relevanten Fläche für die Höhenvorschrift an einem imaginären Punkt in der Mitte der beiden Stoßzähne, und zwar fünf Zentimeter hinter der gedachten Verbindung zwischen den beiden Spitzen. Dort aber wollte Lotus freien Platz haben, damit die Luft ungehindert unter das Auto durch Richtung Diffusor strömen kann. Das ist nur der erste Schritt. In einem zweiten fehlt das Mittelstück praktisch ganz. Die Nase endet mit dem vorderen Chassis-Schott.

Auch am anderen Ende des Autos haben die FIA-Funktionäre den Aerodynamikern eine Falle gestellt. Das Reglement verbietet das untere Heckflügelelement, das früher zu den wichtigsten Aerodynamikhilfen

③ Seitenkästen

Ferrari mit den kleinsten Seitenkästen. Da hilft eine neue Kühltechnik

ToroRosso lässt die Seitenteile schräg in eine schlanke Taille abfallen

McLaren bläst heiße Luft über Kiemen und Kamine früh ab

zählte. Der so genannte „Beam wing" hat Abtrieb gespendet, dem Diffusor beim Absaugen der Luft geholfen und die Strömung am Diffusor an das obere Heckflügelelement gebunden. McLaren hat das Verbot klassisch ausgetrickst. Natürlich ganz legal. Man hat jetzt gleich vier dieser „Beam wings" im Heck. Sie staffeln sich rechts und links von der Crashstruktur unterhalb des Heckflügels. Dazu werden die hinteren Querlenker der Hinterachse zweckentfremdet. Sie sind als Flügelprofil verkleidet und auf die maximale Breite von zehn Zentimetern gebracht. Da das Profil von der Seite betrachtet symmetrisch sein muss, sehen die weit nach hinten bis unter den Heckflügel gespreizten Querlenker so aus wie ein liegendes T. Die Abrisskante oben braucht unten ein entsprechendes Gegenstück.

Querlenker als Flügel

Die vier Behelfsflügel sehen von hinten aus wie ein Scheunentor im Wind. „Der Flügel baut ziemlich viel Luftwiderstand auf, besonders das Teil, das sich nach unten biegt", kritisiert Adrian Newey. Das könnte zwar Rundenzeit bringen, aber den Spritverbrauch erhöhen. Dann würde sich McLaren ein Eigentor schießen. Im Topspeed hinkte McLaren bei den Testfahrten den anderen hinterher. Dafür drehten die Autos aus Wo-

> „Ferrari hat die kleinsten Seitenkästen. Eine neue Kühltechnik macht es möglich. Ein teures Vergnügen: Ein Kühler kostet so viel wie ein Kleinwagen"

king die schnellsten Runden. Einbußen bei der Verwindungssteifigkeit kompensiert McLaren mit Gewicht. Die Anlenkpunkte sind stabiler als üblich ausgelegt. Vorstellbar ist, dass McLaren je nach Streckentyp unterschiedlich gebogene Flügelprofile einsetzt. In der Monza-Version ist der Anstellwinkel vermutlich ganz moderat.

Williams ließ sich einen anderen Kunstgriff einfallen. Der Heckflügel ist mit den Endplatten auf dem Diffusor befestigt, dazwischen wurde ein Flügel gespannt. Der darf aber gemäß Statuten maximal 7,5 Zentimeter hoch sein. Besser als nichts. Auch das geht ins Gewicht. ToroRosso, McLaren

und Mercedes hatten die gleiche Idee. Die anderen montieren den Heckflügel auf zwei zentrale Stelzen, die sich um das eine verbliebene Auspuffendrohr schlängeln. Red Bull und McLaren haben die schönste Lösung. Ihre Heckflügel thronen auf einer filigranen Strebe, die nur kurz im Luftstrom steht und dann unter der Motorverkleidung verschwindet, wo sie sich in zwei Pfeiler um das Auspuff-Endrohr herum aufteilt.

Der Frontflügel ist in diesem Jahr um 15 Zentimeter schmaler. Klingt nach wenig, ist aber viel. „Die Endplatten liegen an der dümmsten Stelle, die man sich denken kann. Mitten vor den Vorderreifen. Das macht es schwierig, die verwirbelte Luft außen am Auto vorbeizuleiten", grummelt Adrian Newey. Der Red Bull-Frontflügel besteht aus elf Einzelelementen in zwei Etagen mit jeweils sechs Strömungsausrichtern. Die Endplatten sind mit vier Fenstern versehen. Das verhindert Strömungsabriss bei starken Anstellwinkeln und bei eingeschlagenen Vorderrädern, und es generiert Luftwirbel, die andere Luftwirbel in bestimmte Bahnen lenken.

Endplatten wie Garagentore

Im Heck sorgt die eingeschränkte Wirkung des Diffusors für einen neuen Trend. Die Endplatten sind groß wie ein Garagentor.

④ Aufhängung

Mercedes öffnet den unteren Querlenker erst spät. So wird er zum Flügel

ToroRosso nutzt die Querlenker der Hinterachse als Flügel

Die hinteren Querlenker am McLaren stehen vertikal im Luftstrom

Das hält die Strömung innerhalb der Heckflügelbegrenzungen zusammen und hilft dem Diffusor beim Absaugen der Luft. Die hinteren Bremsbelüftungen werden immer ausgefeilter. Bis zu sechs Miniflügel staffeln sich auf der Innenseite der Räder, immer noch versehen mit zusätzlichen Luftleitblechen. Die Belüftungsschächte sind die seitliche Fortsetzung des Diffusors. Unter vielen Heckflügeln sitzt der so genannte „Monkey Seat", ein Mini-Flügel, den das Reglement im Zentrum des Autos gestattet. Der Auspuff bläst unter den Flügel. Das erhöht den Unterdruck. Sauber hält sich die Option passives DRS offen.

Auch bei den Seitenkästen gibt es viele Spielarten. Der Kühlbedarf steigt um rund 20 Prozent. Der Red Bull RB10 baut im Heck trotzdem so schlank wie sein Vorgänger. Der ToroRosso steht ihm kaum nach. Dafür ist vorne der Bauch etwas höher und breiter. Sauber und Williams machen es anders: Vorne schmaler, hinten dafür breiter.

Red Bull wurde es zu heiß

Die Red Bull-Fraktion hatte es mit dem Minimalismus etwas zu weit getrieben. Unter der Verkleidung wurde es zu heiß. Auch Mercedes musste nach zwei Testtagen auf eine Verkleidung zurückgreifen, die den Komponenten darunter mehr Platz bot.

> **„ Die Airbox ist manchmal auch Kühleinlass. Sauber hält sich die Option passives DRS offen. Zu erkennen an zwei Zusatzöffnungen "**

Kühlstufe drei statt eins. Obwohl es in Jerez nur 15 Grad warm wurde. Ferrari kommt von allen Teams mit den kleinsten Seitenkästen aus. Weil unter der roten Außenhaut Kühler wohnen, die nach einem neuen technischen Prinzip arbeiten. Die US-Firma MezzoTechnologies reduziert die Fläche dank mikroskopisch kleiner Leitungen bei gleicher Kühlleistung um 15 Prozent. Das bringt auch Gewichtsvorteile. Ein Kühler kostet stolze 20 000 Euro.

Obwohl das zentrale Auspuffrohr Red Bull die Möglichkeit raubt, den Diffusor seitlich mit Hilfe der Auspuffgase zu versiegeln, ist auch der neue RB10 stark angestellt. Newey nutzt die Luftwirbel, die innen am Frontflügel entstehen, zum Abdichten. Ein trickreiches System aus Leitblechen und Vortex-Erzeugern leitet die so genannten Y250-Wirbel um die Seitenkästen herum an die Spalte zwischen Diffusor und Hinterrad. Das ganze Auto ist im Vergleich zum RB9 etwas kürzer geraten. „Der kürzere Motor und der kleinere Tank haben uns beim Radstand mehr Freiheit gelassen", erklärt Newey. Das ist ein neuer Trend. Nur Williams baute in die Länge. So konnte man die Seitenkästen schmal halten. Das reduziert die Stirnfläche und den Luftwiderstand: Im Rennen vielleicht ein Joker. Dann bestimmt der Spritverbrauch den Speed.

Formel 1 – Saison 2014

Ferrari setzt 2014 auf eine hoch explosive Fahrerpaarung. Mit Fernando Alonso und Kimi Räikkönen fahren zwei Platzhirsche in einem Team. Rennleiter Stefano Domenicali wird viel Feingefühl brauchen, die zwei Superstars zu zähmen. Es ist erst das siebte Mal in der Grand Prix-Geschichte, dass zwei Weltmeister aufeinandertreffen.

Der Feind im eigenen Team

2014: Ferrari
Alonso gegen Räikkönen

Vulkan gegen Eisberg: Fernando Alonso bekommt nach vier Jahren Massa mit Kimi Räikkönen erstmals wieder interne Konkurrenz

Unter Rennfahrern gilt der Spruch: „Der größte Feind ist dein Teamkollege." Da steckt viel Wahrheit drin. Der Teamkollege kann am Image kratzen, WM-Titel kosten und eine Karriere zerstören. Jim Clark verschliss Trevor Taylor, Peter Arundell und Mike Spence. James Hunt beerdigte Jochen Mass. Ronnie Peterson zählte Jacky Ickx an. Ayrton Senna zeigte Elio de Angelis seine Grenzen auf. Michael Schumacher hat viele Kollegen in die Rente oder Bedeutungslosigkeit verabschiedet: Nelson Piquet, Martin Brundle, JJ Lehto, Johnny Herbert, Eddie Irvine, Rubens Barrichello.

Sebastian Vettel ist schuld daran, dass der vierfache IndyCar-Champion Sebastien Bourdais in der Königsklasse nie Fuß gefasst hat und auch ein bisschen, dass Mark Webber sein Heil in der Sportwagen-WM sucht. Fernando Alonso zog Giancarlo Fisichella und Felipe Massa den Zahn. Kimi Räikkönen beendete David Coulthards Zeit bei McLaren. Und an ihm zerbrach Juan Pablo Montoya.

In 64 Jahren Formel 1 gab es viele explosive Fahrerpaarungen. Fernando Alonso gegen Kimi Räikkönen bei Ferrari ist aber erst das siebte Aufeinandertreffen von zwei Weltmeistern in einem Team. Alberto Ascari und Nino Farina taten sich 1952 und 1953 bei Ferrari nicht weh. Farina war mit 46 bereits ein alter Mann, als er auf den zwölf Jahre jüngeren Ascari traf. Da hatte das Lotus-Duo Graham Hill und Jim Clark schon eine andere Brisanz. Beide genossen auf der Insel Starkult. Hill war der Arbeiter, Clark das Fahrgenie. Der eine ein Alleinunterhalter, der andere ein in sich gekehrter Sonderling. Von 1962 bis 1966 waren sie Rivalen in unterschiedlichen Teams. Clark fuhr für Lotus, Hill für B.R.M. 1962 gewann Hill vor Clark den Titel, 1963 und 1965

1952–1953: Ferrari
Ascari gegen Farina

Alt gegen jung: Nino Farina war 1952 schon 46 Jahre alt. Die Zukunft gehörte dem 34-jährigen Alberto Ascari

Ferrari feierte 1952 am Nürburgring einen Doppelsieg: Ascari vor Farina

Clark vor Hill. Die Experten erwarteten, dass Clark seinen Teamkollegen demontieren würde. Nach Punkten hatte das 1967 auch den Anschein. Clark wurde mit 41 Zählern Dritter, Hill mit 15 Punkten Sechster. Aber der schnauzbärtige Engländer war näher an dem schottischen Ausnahmetalent dran als viele gedacht hatten. Zu einem zweiten Aufeinandertreffen kam es nicht mehr. Jim Clark kam im April 1968 bei einem Formel 2-Unfall ums Leben. Und Graham Hill trat sein Erbe an und riss das Team mit seinem zweiten WM-Titel aus seiner Lethargie.

Das dritte Duo in der Champions League ist ein eher unscheinbares. Emerson Fittipaldi gegen Denis Hulme. Der Champion von 1972 gegen den Weltmeister von 1967. Hulme gewann das erste Rennen, Fittipaldi die Weltmeisterschaft. Als der Brasilianer in Watkins-Glen seinen zweiten Titel mit einem vierten Platz perfekt machte, eilte der bärbeißige Hulme zu einem bereitstehenden Hubschrauber und beschied einem fragenden Reporter: „Ab diesem Moment bin ich Rentner und kein Rennfahrer mehr."

Alain Prost bekam gleich zwei Mal einen Weltmeister als Teamkollegen vorgesetzt. Keke Rosberg hatte der Franzose 1986 klar im Griff. Der McLaren war auf den Fahrstil von Prost maßgeschneidert. Mit Ayrton Senna war es umgekehrt. Prost wurde das Gefühl nie los, dass Honda dem Brasilianer bessere Motoren zuschanzt. Das Stallduell endete in einem Krieg, der auch dann weiterging, als Prost längst zu Ferrari geflüchtet war. Manche werden sagen, dass der politisch bestens vernetzte Prost mit Niki Lauda einen weiteren Weltmeister im Team vorfand. Doch Prost wurde erst 1985 Weltmeister. Und am Ende dieser Saison trat Lauda zurück.

Prost immer im Mittelpunkt

Die Ehe Prost/Senna war nicht die einzige Fahrerpaarung, in der es zu einer Beziehungskrise kam. Wir schweifen hierfür kurz ab und halten uns nicht an die Regel Weltmeister gegen Weltmeister. Auch zwischen Nelson Piquet und Nigel Mansell 1986 und 1987 bei Williams und zwischen Alain

1955: Mercedes
Fangio gegen Moss

Ehrenmänner: Stirling Moss bewunderte Juan-Manuel Fangio. Der ließ ihn beim GP England 1955 gewinnen

1973: Lotus
Fittipaldi gegen Peterson

Punkteklau: Emerson Fittipaldi und Ronnie Peterson nahmen sich gegenseitig Punkte weg. Jackie Stewart wurde Weltmeister

1977: Ferrari
Lauda gegen Reutemann

Ferraris Plan: Enzo Ferrari wollte Carlos Reutemann zur Nummer 1, Niki Lauda zum Helfer machen. Lauda reagierte mit dem Titel

Hill führt vor Clark. Normalerweise war es anders herum

1967-1968: Lotus
Hill gegen Clark

Englisches Duell: Graham Hill und Jim Clark vertrugen sich. Der eine war ein Arbeiter, der andere ein Naturtalent

Prost und Nigel Mansell 1990 herrschte Funkstille. Alain Prost drängte René Arnoux Ende 1982 bei Renault aus dem Team, weil der beim GP Frankreich eine Stallregie missachtet hatte. Alan Jones machte sich einen Spaß daraus, 1981 ohne eigene Chancen Stallrivale Carlos Reutemann im Titelrennen wichtige Punkte wegzunehmen. Auslöser für die Antipathie war ebenfalls ein ignorierter Teambefehl. Reutemann weigerte sich beim GP Brasilien, Jones überholen zu lassen. Das Duell Gilles Villeneuve gegen Didier Pironi endete mit dem Tod. Villeneuve verweigerte seinem Teamkollegen den Handschlag, nachdem dieser beim GP San Marino ein internes Abkommen gebrochen hatte. 14 Tage später kam Villeneuve im Training zum GP Belgien beim Versuch zu Tode, Pironis Zeit zu unterbieten.

Lotus mit zwei Top-Piloten

Lotus-Chef Colin Chapman hetzte 1973 Emerson Fittipaldi und Ronnie Peterson aufeinander. Lotus gewann die meisten Rennen, doch keiner von beiden wurde Weltmeister. Fittipaldi zog die Konsequenzen und ging zu McLaren. Mario Andretti wollte sich 1978 eine ähnliche Erfahrung ersparen. Er schützte sich gegen Peterson mit einem Nummer-eins-Vertrag. Peterson hielt sich daran und schenkte bei mindestens einem Rennen Andretti den Sieg. Das war 1955 noch ganz anders. Da machten Gentleman-Fahrer die Musik. Ob Juan-Manuel Fangio seinen jungen Mercedes-Teamkollegen Stirling Moss beim GP England absichtlich gewinnen ließ, wurde nie schlüssig geklärt. Er machte Moss den Sieg jedenfalls nicht mit allen Mitteln streitig.

In jüngerer Zeit laufen Stallduelle auf einer subtileren Ebene ab. Man feindet sich nicht mehr an, spielt aber versteckte Fouls und hat sich ansonsten wenig zu sagen. Ralf Schumacher und Juan Pablo Montoya führten bei Williams-BMW genauso eine Zweckehe wie Fernando Alonso und Lewis Hamilton bei McLaren-Mercedes. Bei Kimi Räikkönen lief Montoya gegen eine Wand. In seinem Frust räumte Montoya den Stallrivalen beim Start zum GP USA 2007 von der Straße. Vier Tage später trennten sich

1978: Lotus
Andretti gegen Peterson

Nummer 1-Vertrag: Mario Andretti hatte vertraglich das erste Anrecht auf den Sieg. Ronnie Peterson hielt sich dran

1981: Williams
Jones gegen Reutemann

Kein Vertrauen: Nachdem Carlos Reutemann einen Stallbefehl ignorierte, kündigte ihm Alan Jones die Freundschaft

1982: Ferrari
Pironi gegen Villeneuve

Duell bis in den Tod: Didier Pironi hielt sich nicht an eine Absprache. Gilles Villeneuve schwor Rache und stürzte in den Tod

Formel 1 – Saison 2014 41

1974: McLaren
Fittipaldi gegen Hulme

Klare Verhältnisse: Emerson Fittipaldi fuhr um den Titel. Dennis Hulme strebte der Rente entgegen

Fittipaldi startet 1974 in Brasilien von der Pole Position. Hulme liegt weit zurück

---

die Wege von Montoya und McLaren. Sebastian Vettel und Mark Webber verständigten sich in den vergangenen vier Jahren, auf die Formel: „Respekt ja, Freundschaft nein." Bei Webber fuhr ständig der Verdacht mit, Vettel würde bei Red Bull mehr geliebt als er. Gegenseitige Hilfe im WM-Kampf verweigerten beide.

2010 begann bei McLaren eine Partnerschaft, die an das Tandem Hill und Clark erinnerte. Mit Lewis Hamilton und Jenson Button traten die beiden englischen Superstars gegeneinader an. Das ist so, als wären Sebastian Vettel und Michael Schumacher für ein Team gefahren. Wie in den 60er Jahren gab es einen klaren Favoriten im McLaren-Duell. Hamilton würde Button zerstören, tönten die großen englischen Zeitungen im Vorfeld. Es kam alles ganz anders. Im Punkteduell gewann Button den Dreijahresvergleich mit 672:659. Die Statistik der Siege ging mit 10:8 knapp an Hamilton. Nur bei den Trainingsbestzeiten lag Hamilton mit 9:1 klar vorne. Das entsprach ungefähr dem Bild, das man von den beiden Fahrern hatte. Hamilton ist der schnellere und aggressivere, Button der intelligentere und effizientere Fahrer.

Alonso ohne Wasserträger

Jetzt also Alonso gegen Räikkönen. Es gab viele Gründe, warum Ferrari Räikkönen wieder an Bord nahm, nachdem man ihn 2009 in die Wüste geschickt hatte mit der Begründung, er kommuniziere zu wenig mit den Ingenieuren und sei auch nicht bereit, Tag und Nacht im Simulator zu testen und über das Auto nachzudenken. Räikkönen war der beste verfügbare Fahrer auf dem Markt. Seine Verpflichtung zeigte Alonso, dass er nicht der Boss im Haus ist. Ferrari wollte sich absichern, für den Fall, dass Alonso ausflippt, anderswo unterschreibt oder ein Jahr Pause macht.

Ferrari-Präsident Luca di Montezemolo lässt zwischen den Zeilen spüren, dass Räikkönen nicht seine persönliche erste Wahl war. „Mein Rennleiter Domenicali hat mich überzeugt, dass Kimi ein anderer Fahrer ist als 2009." Räikkönen hatte noch einen gewichtigen Fürsprecher. Der neue Technik-

---

1982: Renault
Prost gegen Arnoux

Stallregie ignoriert: Nachdem René Arnoux eine Stallorder brach, sorgte Alain Prost für seine Entlassung

1984-85: McLaren
Lauda gegen Prost

Störenfried im Nest: Eigentlich sollte Niki Lauda gegen John Watson fahren. Doch das Team holte Alain Prost, der Lauda einheizte

1986-1987: Williams
Piquet gegen Mansell

Zwei Welten: Der Playboy Nelson Piquet versuchte den braven Familienvater Nigel Mansell außerhalb des Cockpits zu irritieren

1986: McLaren
Prost gegen **Rosberg**

Ungleiches Duell: Der McLaren von 1986 war für Alain Prost maßgeschneidert. Keke Rosberg fuhr zu wild

Rosberg sah gegen Prost kein Land. Der Finne brauchte im Rennen zu viel Sprit

chef James Allison kennt den Finnen von Lotus und legte ihn seinem neuen Arbeitgeber wärmstens ans Herz. Der Weltmeister von 2007 mag der letzte sein, der am Morgen das Fahrerlager betritt, und der erste, der es abends verlässt, doch er hat ein Fahrgefühl und ein Einfühlungsvermögen für die Dynamik eines Autos wie kein Zweiter.

Lotus-Ingenieur Alan Permane gibt zu: „Mit Kimi mussten wir keinen Vergleichstest zwischen einer neuen und einer bekannten Spezifikation machen. Er fährt die neue und kann sie aus dem Gedächtnis mit der anderen vergleichen." Montezemolo beruhigte seinen Platzhirsch Alonso nach der Ankunft von Räikkönen: „Fernando bleibt unser größtes Guthaben."

Kimi ist der Held der Fans, aber nicht unbedingt der Teamchefs. Er ist zu sehr Nonkonformist. Ferrari kann damit leben. Red Bull konnte es nicht. Der große Schweiger aus Espoo ist nicht mehr kompatibel mit dem Nadelstreifen-Profil, das Dietrich Mateschitz seinem Vorzeige-Rennstall aufzudrücken versucht. Mit seinem Rucksack, seiner schief sitzenden Kappe und den Hosen auf Halbmast sieht er aus wie einer der vielen finnischen Fans, die aus einem Grand Prix drei Tage Party machen. Ganz anders als die asketischen Extremathleten, die im Zeichen des Bullen rund um den Globus sportliche Höchstleistungen vollbringen. Früher wäre einer wie Kimi cool gewesen und hätte wie die Faust aufs Auge in die verrückte Red Bull-Welt gepasst. Seriensieger sind seriös. So ändern sich die Zeiten.

Wie viel Zündstoff im Pulverfass?
Alonso gegen Räikkönen. Zwei WM-Titel gegen einen. 32 gegen 20 GP-Siege. Ein spanischer Vulkan gegen einen finnischen Eisberg. Ferrari spannte die beiden drei Tage in Maranello zusammen. Sie sollten sich abseits der Öffentlichkeit besser kennenlernen. Bei der Arbeit und privat. Wie viel Explosionskraft steckt in diesem Pulverfass? Räikkönen winkt ab: „Fernando und ich sind keine 20 mehr. Es wird auf der Strecke ein harter Kampf, und vielleicht geraten wir auch einmal aneinander, aber wir sind beide alt genug, darüber zu sprechen."

1987-1988: Ferrari
Berger gegen **Alboreto**

Seilschaften: Michele Alboreto nutzte im Kampf gegen Neuzugang Gerhard Berger alte Ferrari-Seilschaften zu seinen Gunsten

1990: Ferrari
Mansell gegen **Prost**

Verfolgungswahn: Nigel Mansell warf Alain Prost vor, ihn bei Ferrari auszugrenzen. Für ihn war der Teamkollege Chef im Stall

2001-2004: Williams
Schumacher gegen **Montoya**

Sprachlos: Juan Pablo Montoya fuhr mit Emotionen, Ralf Schumacher mit Köpfchen. Die zwei hatten sich nichts zu sagen

Formel 1 – Saison 2014 43

Senna gegen Prost war ein Hassduell. 1988 gewann Senna, 1989 Prost

1989: McLaren
Prost gegen **Senna**

Ego-Trip: Zwischen Alain Prost und Ayrton Senna regierte der Hass. Man fuhr sich auch absichtlich ins Auto

Räikkönens gefährlichste Waffe ist seine Gleichgültigkeit. Er verliert nicht gerne, aber er lässt es sich nicht anmerken. Montoya zum Beispiel war nur auf Räikkönen fixiert. Als der andere schneller war, gab er allen, nur nicht sich selbst die Schuld.

Alonsos Vita weist einen schwarzen Fleck auf. Als er mit Hamilton 2007 bei McLaren einen Gegner bekam, mit dem er nicht gerechnet hatte. Statt sich auf die eigenen Fähigkeiten zu besinnen und Hamilton mit seiner Routine auf der Strecke zu schlagen, betrieb der Spanier Politik, mahnte einen Nummer eins-Status an, warf dem Team vor, es bevorzuge den Engländer im Stall, und griff schließlich zu unschönen Tricks. Er verschenkte den WM-Titel an Räikkönen und tröstete sich mit der Erkenntnis, dass es Hamilton auch nicht geworden war. Das Ganze erinnerte an die Episode zwischen Nelson Piquet und Nigel Mansell 1987. Zwei Egoisten schenkten sich gegenseitig so viel Aufmerksamkeit, dass Alain Prost der lachende Dritte war. Piquet freute sich über den Weltmeister Prost. Hauptsache, Mansell ging leer aus.

Gegen Alonso keine Blöße

Rennleiter Stefano Domenicali will einen anderen Räikkönen erkannt haben als den von 2009. Einen, der sich mehr ins Zeug wirft, mehr Motivationsarbeit und mehr Entwicklungshilfe betreibt als vor vier Jahren. Vielleicht hat er Recht. Räikkönen würde sich ein Eigentor schießen, wenn er nicht wie Alonso Simulatorarbeit betreibt. Gegen Romain Grosjean kann man mit einem lässigen Lebensstil vielleicht noch bestehen. Nicht gegen einen Alonso. Auf dem Niveau ist die Luft so dünn, dass jeder kleine Vorteil zählt. Mehr Fitness, mehr Arbeit, mehr Durchblick. „Wenn Kimi merkt, dass Fernando mit der Arbeit im Simulator einen Vorteil hat, dann setzt er sich freiwillig rein", glaubt Domenicali.

Der Traum vom Superteam kann für Ferrari schnell zum Albtraum werden. Wenn einer von den internen Reibungsverlusten im nächsten Jahr profitiert, dann Sebastian Vettel. Im Kampf um Konstrukteurs-Punkte muss sich Red Bull jedoch warm anziehen. Da sind Ferrari mit Alonso und Räikkönen und Mercedes mit Hamilton und Rosberg auf dem Papier besser besetzt.

2005-2006: McLaren
Räikkönen gegen **Montoya**

Rausschmiss: Juan Pablo Montoya fuhr Kimi Räikkönen beim GP USA 2007 aus Frust ins Auto. Und flog prompt aus dem Team

2007: McLaren
Alonso gegen **Hamilton**

Königsmörder: Fernando Alonso unterschätzte Neuling Lewis Hamilton. Vergeblich versuchte er ihn politisch kaltzustellen

2009-2013: Red Bull
Vettel gegen **Webber**

Zweckehe: Sebastian Vettel und Mark Webber schenkten sich nichts. Nach einer Kollision 2010 herrschte Eiszeit

Weltmeisterfahrer-Paarungen

Fahrerpaarungen	Team	Zeitraum
Alberto Ascari/Nino Farina	Ferrari	1952-1953
Graham Hill/Jim Clark	Lotus	1967-1968
Emerson Fittipaldi/Denis Hulme	McLaren	1974
Alain Prost/Keke Rosberg	McLaren	1986
Alain Prost/Ayrton Senna	McLaren	1989
Lewis Hamilton/Jenson Button	McLaren	2010-2012
Fernando Alonso/Kimi Räikkönen	Ferrari	2014

Brisante Fahrerpaarungen

Fahrerpaarungen	Team	Zeitraum
Juan-Manuel Fangio/Stirling Moss	Mercedes	1955
Emerson Fittipaldi/Ronnie Peterson	Lotus	1973
Niki Lauda/Carlos Reutemann	Ferrari	1977
Mario Andretti/Ronnie Peterson	Lotus	1978
Alan Jones/Carlos Reutemann	Williams	1981
Didier Pironi/Gilles Villeneuve	Ferrari	1982
Alain Prost/René Arnoux	Renault	1982
Niki Lauda/Alain Prost	McLaren	1984-1985
Nelson Piquet/Nigel Mansell	Williams	1986-1987
Gerhard Berger/Michele Alboreto	Ferrari	1987-1988
Nigel Mansell/Alain Prost	Ferrari	1990
Ralf Schumacher/Juan Pablo Montoya	Williams	2001-2004
Kimi Räikkönen/Juan Pablo Montoya	McLaren	2005-2006
Fernando Alonso/Lewis Hamilton	McLaren	2007
Sebastian Vettel/Mark Webber	Red Bull	2009-2013

2010-2012: McLaren
Hamilton gegen **Button**

Kein einziger Eklat: Im Duell der Engländer blieb es ruhig: Lewis Hamilton und Jenson Button vertrugen sich

Buttons Bilanz gegen Hamilton: 672:659 Punkte, 8:10 Siege, 1:9 Pole Positions

Team für

Allen Unkenrufen zum Trotz sind weiter alle elf Teams an Bord. Alle haben überlebt. Unter den 22 Fahrern sind fünf Weltmeister und drei Neulinge. Es gibt neue Startnummern, Farben, Teampaarungen. Dazu die ganze Statistik.

Team

Blick nach oben: Vergne und der russische Debütant Kvyat treten für ToroRosso an

Formel 1 – Saison 2014

Red Bull-Renault

1 Sebastian Vettel (D)

PERSÖNLICHE DATEN

Geboren	3. Juli 1987 in Heppenheim
Wohnort	Ellighausen (CH)
Größe	1,76 m
Gewicht	63 kg
Familienstand	ledig, eine Tochter
Internet	www.sebastianvettel.com

ERFOLGE

Rennen	120
WM-Punkte	1451
GP-Siege	39
Pole-Positions	45
Schnellste Runden	22
Führungskilometer	12 883
Schnitt Punkte/GP	12,09
Schnitt Startplätze	4,92
F1-Debüt	GP USA 2007
1. WM-Punkt	GP USA 2007 (1. GP, P8 = 1 Punkt)
1. GP-Sieg	GP Italien 2008 (22. GP)

FORMEL 1-KARRIERE

Jahr	Team	Platz	Punkte
2007	BMW, ToroRosso	14	6
2008	ToroRosso	8	35
2009	Red Bull	2	84
2010	Red Bull	1	256
2011	Red Bull	1	392
2012	Red Bull	1	281
2013	Red Bull	1	397

STAMMDATEN

- WM-Titel: **4/4**
- F1-Debüt: **GP Australien 2005**
- Angestellte: **630**
- WM-Starts: **165**
- GP-Siege: **47**
- Punkte: **2460,5**

TECHNIK

Auto	Red Bull RB10
Getriebe	Red Bull, 8-Gang, Karbon
Kraftstoff	Total
Felgen	O.Z.
ERS	Renault
Windkanal	Bedford, 60%
Motor	Renault EF1-2014 V6-Turbo
Leistung	700-860 PS bei 15 000/min

Wenn es das neue Reglement nicht gäbe, dann wären Sebastian Vettel und Red Bull die haushohen Favoriten. Nur der Neuanfang der Formel 1 könnte das beste Team im Feld aus dem Konzept bringen. Die zahlreichen Abgänge im Technikbüro werden sich, wenn überhaupt, erst in ein, zwei Jahren bemerkbar machen. Red Bull ist eine gewachsene Truppe, die auf allen Ebenen in der höchsten Liga spielt: Organisatorisch, technisch, politisch. Chefdenker Adrian Newey ist immer noch da. Sein Chefdesigner Rob Marshall auch. Die beiden haben wieder ein Auto an der Grenze gebaut. Es ist so filigran, als schlüge im Heck immer noch das Herz des alten V8. Der RB10 ist immer noch stark angestellt. Obwohl man Newey die Aus-

▶ Red Bull Racing ▶ Bradbourne Drive
▶ UK-Milton Keynes MK14 88J ▶ www.redbullracing.com

Der Testauftakt ging in die Hose. Im Heck des RB10 wurde es zu heiß

3 Daniel Ricciardo (AUS)

PERSÖNLICHE DATEN

Geboren	1. Juli 1989 in Perth
Wohnort	Milton Keynes (GB)
Größe	1,79 m
Gewicht	70 kg
Familienstand	ledig
Internet	www.danielricciardo.com

ERFOLGE

Rennen	50
WM-Punkte	30
GP-Siege	0
Pole-Positions	0
Schnellste Runden	0
Führungskilometer	0
Schnitt Punkte/GP	0,60
Schnitt Startplätze	14,84
F1-Debüt	GP England 2011
1. WM-Punkt	GP Australien 2012 (12. GP, P9 = 2 Punkte)
1. GP-Sieg	–

FORMEL 1-KARRIERE

Jahr	Team	Platz	Punkte
2011	Hispania	20	0
2012	ToroRosso	18	10
2013	ToroRosso	14	20

puffgase zum Abdichten des Diffusors geklaut hat. Man darf davon ausgehen, dass Red Bull aerodynamisch wieder die Maßstäbe setzt. Doch es muss auch alles unter der Verkleidung funktionieren. Die Wintertests begannen mit einem Fehlstart. Die Antriebseinheit von Renault bockte, unter der eng anliegenden Außenhaut wurde es zu heiß. Damit fehlen vier Testtage. Vettel ist kein Freund der neuen Regeln. Die Autos sind ihm zu langsam und zu leise. Doch er ist der Gejagte. Der beste Fahrer der Welt hat vier WM-Titel zu verteidigen. An seiner Seite fährt ein neuer Teamkollege. Wieder ein Australier. Pflegeleichter als Mark Webber, aber nicht weniger schnell. Daniel Ricciardos Ziel: „Ich werde mir von Vettel nicht den Arsch versohlen lassen."

PERSONAL

Teamchef	Christian Horner
Technischer Direktor	Adrian Newey
Chefdesigner	Rob Marshall
Teamberater	Dr. Helmut Marko
Chef Fahrdynamik	Pierre Waché
Chef Renneinsatz	Andy Damerum
Motorenchef	Rob White
Teammanager	Jonathan Wheatley
Ingenieur Vettel	Guillaume Rocquelin
Ingenieur Ricciardo	Simon Rennie

INTERNET

www.auto-motor-und-sport.de/formel1

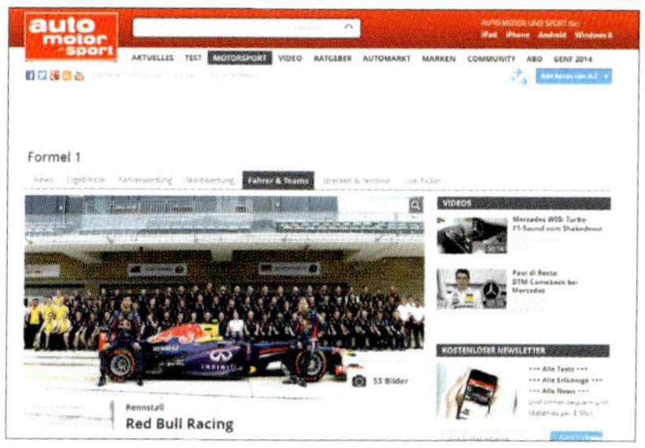

Mercedes

6 Nico Rosberg (D)

PERSÖNLICHE DATEN

Geboren	27. Juni 1985 in Wiesbaden
Wohnort	Monte Carlo (MC)
Größe	1,78 m
Gewicht	67 kg
Familienstand	ledig
Internet	www.nico-rosberg.com

ERFOLGE

Rennen	147
WM-Punkte	571,5
GP-Siege	3
Pole-Positions	4
Schnellste Runden	4
Führungskilometer	999
Schnitt Punkte/GP	3,88
Schnitt Startplätze	8,93
F1-Debüt	GP Bahrain 2006
1. WM-Punkt	GP Bahrain 2006 (1. GP, P7 = 2 Punkte)
1. GP-Sieg	GP China 2012 (111. GP)

FORMEL 1-KARRIERE

Jahr	Team	Platz	Punkte
2006	Williams	17	4
2007	Williams	9	20
2008	Williams	13	17
2009	Williams	7	34,5
2010	Mercedes	7	142
2011	Mercedes	7	89
2012	Mercedes	9	93
2013	Mercedes	6	171

Mercedes geht als Favorit in die neue Saison. Obwohl Red Bull vier Mal hintereinander Weltmeister war. Von Anfang an traute man den Schwaben auf der Antriebsseite mehr zu als Renault und Ferrari. Die Testfahrten haben bestätigt, dass den Ingenieuren in Brixworth mit der neuen Antriebseinheit ein Meisterwerk gelungen ist. Schon am zweiten Tag legte Nico Rosberg die erste Renndistanz zurück. Das neue Auto weist einige schlaue Detaillösungen auf. Mit einem hufeisenförmigen Vorbau als Crashstruktur erschwindelt sich Mercedes eine höhere Nase. Die unteren Querlenker der Vorderradaufhängung sind wie ein zusätzlicher Flügel ausgelegt. Die Seitenkästen sind schmal und kompakt. Obwohl im Heck drei Mal so viele Kom-

STAMMDATEN

WM-Titel:	**2/2**
F1-Debüt:	**GP Frankreich 1954**
Angestellte:	**605**
WM-Starts:	**89**
GP-Siege:	**13**
Punkte:	**1020,2**

TECHNIK

Auto	Mercedes AMGW05
Getriebe	Mercedes, 8-Gang, Karbon
Kraftstoff	Petronas
Felgen	BBS
ERS	Mercedes
Windkanal	Brackley, 60%
Motor	Mercedes PU106A V6-Turbo
Leistung	700-860 PS bei 15 000/min

▶ Mercedes ▶ Brackley
▶ UK-Northamptonshire NN13 78D ▶ www.mercedesamgf1.com/de

Neuer Silberpfeil: Hohe Nase in Hufeisenform, schlankes Heck

44 Lewis Hamilton (GB)

PERSÖNLICHE DATEN

Geboren	7. Januar 1985 in Tewin
Wohnort	Monte Carlo (MC)
Größe	1,74 m
Gewicht	68 kg
Familienstand	ledig
Internet	www.lewishamilton.com

ERFOLGE

Rennen	129
WM-Punkte	1102
GP-Siege	22
Pole-Positions	31
Schnellste Runden	13
Führungskilometer	6570
Schnitt Punkte/GP	8,54
Schnitt Startplätze	4,57
F1-Debüt	GP Australien 2007
1. WM-Punkt	GP Australien 2007 (1. GP, P3 = 6 Punkte)
1. GP-Sieg	GP Kanada 2007 (6. GP)

FORMEL 1-KARRIERE

Jahr	Team	Platz	Punkte
2007	McLaren	2	109
2008	McLaren	1	98
2009	McLaren	5	49
2010	McLaren	4	240
2011	McLaren	5	227
2012	McLaren	4	190
2013	Mercedes	4	189

ponenten unterzubringen waren, baut der neue Silberpfeil im Bereich der Hinterachse sehr schlank. Die neuen Teamchefs Paddy Lowe und Toto Wolff können auf einer Struktur aufbauen, die Ross Brawn hinterlassen hat. Die Maschinerie läuft jetzt wie geschmiert. Und mit Niki Lauda steht der Aufpasser immer bereit. Der Österreicher erwartet nichts anderes als den WM-Titel.

Nach dem zweiten Platz im letzten Jahr gibt es nur eine mögliche Steigerung. Im Cockpit ist Mercedes bestens besetzt. Lewis Hamilton und Nico Rosberg werden sich auch in diesem Jahr gegenseitig antreiben. Hamilton muss allerdings erst einmal seine privaten Baustellen aufräumen. Deshalb hat Lauda für ihn einen neuen Trainer aus dem Stall von Aki Hintsa rekrutiert.

PERSONAL

Teamchef	Paddy Lowe, Toto Wolff
Technischer Direktor	Bob Bell
Projektleiter 2013	Aldo Costa
Chef CFD	Gerald Murphy
Aerodynamikchef	Mike Elliott
Aufsichtsratschef	Niki Lauda
Teammanager	Ron Meadows
Ingenieur Hamilton	Pete Bonnington
Ingenieur Rosberg	Tony Ross

INTERNET

www.auto-motor-und-sport.de/formel1

Ferrari

14 Fernando Alonso (E)

PERSÖNLICHE DATEN

Geboren	29. Juli 1981 in Oviedo
Wohnort	Oviedo (E)
Größe	1,71 m
Gewicht	68 kg
Familienstand	ledig
Internet	www.fernandoalonso.com

ERFOLGE

Rennen	216
WM-Punkte	1606
GP-Siege	32
Pole-Positions	22
Schnellste Runden	21
Führungskilometer	8498
Schnitt Punkte/GP	7,44
Schnitt Startplätze	6,95
F1-Debüt	GP Australien 2001
1. WM-Punkt	GP Australien 2003 (18. GP, P7 = 2 Punkte)
1. GP-Sieg	GP Ungarn 2003 (30. GP)

FORMEL 1-KARRIERE

Jahr	Team	Platz	Punkte
2001	Minardi	19	0
2003	Renault	6	55
2004	Renault	4	59
2005	Renault	1	133
2006	Renault	1	134
2007	McLaren	3	109
2008	Renault	5	61
2009	Renault	9	26
2010	Ferrari	2	252
2011	Ferrari	4	257
2012	Ferrari	2	278
2013	Ferrari	2	242

Diesmal muss es klappen. Das sagt Ferrari zwar jedes Mal, doch nach sechs Jahren ohne WM-Titel geht Präsident Luca di Montezemolo langsam die Geduld aus. Sein Statthalter Stefano Domenicali steht auf dem Prüfstand. Er hat sich für die große Aufgabe mit der bestmöglichen Fahrerpaarung abgesichert. Fernando Alonso und Kimi Räikkönen sind auf dem Papier ein Dreamteam. Sind sie es auch auf der Strecke? Alonso hat nun keinen treuen Wasserträger mehr an der Seite. Räikkönen fährt sein eigenes Rennen. Der Präsident stellte jedoch von Anfang an klar: „Fernando und Kimi fahren an erster Stelle immer für das Team." Auch im Technikbüro hat sich Domenicali verstärkt. Mit James Allison und Dirk de Beer arbeiten die

STAMMDATEN

- WM-Titel: **15/16**
- F1-Debüt: **GP Monaco 1950**
- Angestellte: **750**
- WM-Starts: **870**
- GP-Siege: **221**
- Punkte: **6525,2**

TECHNIK

Auto	Ferrari F14 T
Getriebe	Ferrari, 8-Gang, Karbon
Kraftstoff	Shell
Felgen	BBS
ERS	Ferrari
Windkanal	Maranello, 60%
Motor	Ferrari 059/3 V6-Turbo
Leistung	700-860 PS bei 15 000/min

▶ Ferrari SpA ▶ Via Alberto Ascari 55-57
▶ I-47053 Maranello (MO) ▶ www.ferrari.it

Neuer F14 T: Mit Entenschnabel und kleinen Seitenkästen

ehemaligen Lotus-Chefdenker in Maranello. Sie fanden bessere Werkzeuge denn je an ihrem neuen Arbeitsplatz vor. Der modernisierte Windkanal ist seit Oktober 2013 in Betrieb. Der Simulator wurde optimiert. Beim Motor hält sich Ferrari bedeckt. Es gibt kein Foto von der Antriebseinheit. Das führte zu Vermutungen, Ferrari sei mit der Entwicklung im Rückstand. Tatsächlich machten der neue Ferrari 059/3 und sein Hybridsystem eine exzellente Figur bei den Testfahrten. Der Ferrari F14 T verfügt über ein neuartiges Kühlsystem, das kleine Seitenkästen erlaubt. Es gibt auch kein Problem mit dem Mindestgewicht, wie lange kolportiert. Am Ende sperrte sich Ferrari gegen eine Anhebung auf 700 Kilogramm. „Aus Prinzip", sagt Domenicali.

PERSONAL

Teamchef	Stefano Domenicali
Technischer Direktor	James Allison
Chefdesigner	Nicolas Tombazis
Projektleiter 2014	Fabio Montecchi
Aerodynamikchef	Dirk de Beer, Loic Bigois
Strategiechef	Neil Martin
Motorenchef	Luigi Marmorini
Chefingenieur	Pat Fry
Teammanager	Massimo Rivola
Ingenieur Alonso	Andrea Stella
Ingenieur Räikkönen	Antonio Spagnolo

INTERNET

www.auto-motor-und-sport.de/formel1

7 Kimi Räikkönen (FIN)

PERSÖNLICHE DATEN

Geboren	17. Oktober 1979 in Espoo
Wohnort	Baar (CH)
Größe	1,75 m
Gewicht	70 kg
Familienstand	ledig
Internet	www.kimiraikkonen.com

ERFOLGE

Rennen	193
WM-Punkte	969
GP-Siege	20
Pole-Positions	16
Schnellste Runden	39
Führungskilometer	5905
Schnitt Punkte/GP	5,02
Schnitt Startplätze	6,71
F1-Debüt	GP Australien 2001
1. WM-Punkt	GP Australien 2001 (1. GP, P6 = 1 Punkt)
1. GP-Sieg	GP Malaysia 2003 (36. GP)

FORMEL 1-KARRIERE

Jahr	Team	Platz	Punkte
2001	Sauber	10	9
2002	McLaren	6	24
2003	McLaren	2	91
2004	McLaren	7	45
2005	McLaren	2	112
2006	McLaren	5	65
2007	Ferrari	1	110
2008	Ferrari	3	75
2009	Ferrari	6	48
2012	Lotus	3	207
2013	Lotus	5	183

Formel 1 – Saison 2014

Lotus-Renault

8 Romain Grosjean (F)

PERSÖNLICHE DATEN

Geboren	17. April 1986 in Genf
Wohnort	Genf (CH), Paris (F)
Größe	1,80 m
Gewicht	65 kg
Familienstand	verheiratet mit Marion, ein Sohn
Internet	www.romaingrosjean.com

ERFOLGE

Rennen	45
WM-Punkte	228
GP-Siege	0
Pole-Positions	0
Schnellste Runden	1
Führungskilometer	219
Schnitt Punkte/GP	5,07
Schnitt Startplätze	9,18
F1-Debüt	GP Europa 2009
1. WM-Punkt	GP China 2012 (10. GP, P6 = 8 Punkte)
1. GP-Sieg	–

FORMEL 1-KARRIERE

Jahr	Team	Platz	Punkte
2009	Renault	20	0
2012	Lotus	8	96
2013	Lotus	7	132

Es war ein turbulenter Winter. Zuerst verabschiedeten sich mit James Allison, Dirk de Beer, Gerald Murphy, Ciaron Pilbeam und Ettore Griffini leitende Ingenieure zur Konkurrenz. Dann auch noch Teamchef Eric Boullier. Lotus sammelte seinerseits Ingenieure von Ferrari, Red Bull und Mercedes ein. Und Teambesitzer Gérard Lopez übernimmt im Zusammenspiel mit Matthew Carter und Andy Ruhan die Rolle des Teamchefs selbst. Wegen 114 Millionen Pfund Schulden, davon 70 Prozent bei sich selbst, galt Lotus lange als Wackelkandidat. Doch dann dockten mit PDVSA, SaxoBank und YotaPhone drei Sponsoren an, die das 170-Millionen-Euro-Budget erstmals seit dem Kauf des Teams 2010 von Renault komplett decken. „Es kommen

STAMMDATEN

WM-Titel:	**6/7**
F1-Debüt:	**GP Monaco 1958**
Angestellte:	**500**
WM-Starts:	**568**
GP-Siege:	**81**
Punkte:	**2131,7**

TECHNIK

Auto	Lotus E22
Getriebe	Lotus, 8-Gang, Titan
Kraftstoff	Total
Felgen	O.Z.
ERS	Renault
Windkanal	Enstone, 60%
Motor	Renault EF1-2014 V6-Turbo
Leistung	700-860 PS bei 15 000/min

▶ Lotus F1 Team ▶ Whiteways, Enstone
▶ UK-Oxfordshire OX7 4EE ▶ www.lotusf1team.com

Die Nase des E22 hat zwei ungleich lange Stoßzähne

13 Pastor Maldonado (VEN)

PERSÖNLICHE DATEN

Geboren	9. März 1985 in Maracay
Wohnort	Maracay (VEN)
Größe	1,73 m
Gewicht	66 kg
Familienstand	verheiratet mit Gabriela, eine Tochter
Internet	www.pastormaldonado.com

ERFOLGE

Rennen	58
WM-Punkte	47
GP-Siege	1
Pole-Positions	1
Schnellste Runden	0
Führungskilometer	172
Schnitt Punkte/GP	0,81
Schnitt Startplätze	13,78
F1-Debüt	GP Australien 2011
1. WM-Punkt	GP Belgien 2011 (12. GP, P10 = 1 Punkt)
1. GP-Sieg	GP Spanien 2012 (24. GP)

FORMEL 1-KARRIERE

Jahr	Team	Platz	Punkte
2011	Williams	19	1
2012	Williams	15	45
2013	Williams	18	1

keine weiteren Schulden hinzu", verspricht Lopez. Dazu besteht noch Hoffnung auf einen Vertrag mit einem Hauptsponsor aus Japan. Die Verpflichtung von Pastor Maldonado war ein Zugeständnis an die prekäre Finanzsituation. Sein Sponsor bringt 40 Millionen. Lopez glaubt, den Venezolaner bändigen zu können: „Er hat den Speed, muss aber begreifen, dass ein Grand Prix nicht ein paar schnelle Runden, sondern ein ganzes Wochenende dauert." Romain Grosjean soll auf Titeljagd gehen. „Er zählt zu den vier besten Fahrern im Feld." Das Technikbüro hat dafür ein Auto gebaut, das sich klar vom Rest unterscheidet. Weder die Doppelnase noch das schlanke Heck sind schnell zu kopieren. Einziger Nachteil: Lotus musste den ersten Test auslassen.

PERSONAL

Teambesitzer	Gérard Lopez
Teamchef	Matthew Carter
Technischer Direktor	Nick Chester
Chefdesigner	Martin Tolliday
Aerodynamikchef	Nicolas Hennel
Chefingenieur	Alan Permane
Teammanager	Paul Seaby
Ingenieur Maldonado	Mark Slade
Ingenieur Grosjean	Ayao Komatsu

INTERNET

www.auto-motor-und-sport.de/formel1

McLaren-Mercedes

22 Jenson Button (GB)

PERSÖNLICHE DATEN

Geboren	19. Januar 1980 in Frome
Wohnort	Monte Carlo (MC)
Größe	1,83 m
Gewicht	69 kg
Familienstand	ledig
Internet	www.jensonbutton.com

ERFOLGE

Rennen	247
WM-Punkte	1042
GP-Siege	15
Pole-Positions	8
Schnellste Runden	8
Führungskilometer	3884
Schnitt Punkte/GP	4,34
Schnitt Startplätze	9,36
F1-Debüt	GP Australien 2000
1. WM-Punkt	GP Brasilien 2000 (2. GP, P6 = 1 Punkt)
1. GP-Sieg	GP Ungarn 2006 (113. GP)

FORMEL 1-KARRIERE

Jahr	Team	Platz	Punkte
2000	Williams	8	12
2001	Benetton	17	2
2002	Renault	7	14
2003	BAR	9	17
2004	BAR	3	85
2005	BAR	9	37
2006	Honda	6	56
2007	Honda	15	6
2008	Honda	18	3
2009	BrawnGP	1	95
2010	McLaren	5	214
2011	McLaren	2	270
2012	McLaren	5	188
2013	McLaren	9	73

Der große alte Mann ist wieder da. Ron Dennis holte sich seine alte Firma in einer Art Staatsstreich zurück. Eigentlich stand der langjährige McLaren-Boss seit 2009 auf dem Abstellgleis. Martin Whitmarsh führte die Geschäfte. Doch nach der schlechtesten Saison seit 1980 bereitete Dennis eine feindliche Übernahme vor. Er fand in China Investoren, die bereit sind, Anteile von der mit vielen Verbindlichkeiten belasteten Firma zu kaufen. Einzige Bedingung: Dennis muss wieder der Chef sein. Der neue starke Mann von McLaren will aber hauptsächlich vom Hintergrund aus die Fäden ziehen. An der Rennstrecke soll der frühere Lotus-Teamchef Erc Boullier das Kommando führen. McLaren geht in seine letzte Saison mit Mercedes. Eine heikle

STAMMDATEN

- WM-Titel: **12/8**
- F1-Debüt: **GP Monaco 1966**
- Angestellte: **560**
- WM-Starts: **723**
- GP-Siege: **182**
- Punkte: **5127,5**

TECHNIK

Auto	McLaren MP4-29
Getriebe	McLaren, 8-Gang, Karbon
Kraftstoff	Mobil
Felgen	Enkei
ERS	Mercedes
Windkanal	Köln, 60%
Motor	Mercedes PU106A V6-Turbo
Leistung	700-860 PS bei 18 000/min

▶ McLaren International Ltd ▶ Technology Centre, Woking
▶ UK-Surrey GU21 4YH ▶ www.mclaren.com

Die Hinterachse des McLaren wurde in vier Flügel umfunktioniert

Partnerschaft, denn Honda steht schon vor der Tür. Ab 2015 gibt es den japanischen V6-Turbo gratis. 50 Millionen Euro Zuschuss aus Tokio bekommt McLaren schon in diesem Jahr. Dazu zahlt Honda die Hälfte der Gehälter von Jenson Button und Kevin Magnssen. Das Eigengewächs soll das Wunder wiederholen, das McLaren 2007 mit Lewis Hamilton erlebte. Beim Testauftakt in Jerez überraschte der Däne das Establishment gleich mit einer Bestzeit. Der MP4-29 ist ein ungewöhnliches Auto. McLaren-Ingenieure folgen selten dem Mainstream. Aus der Hinterachse wachsen vier Flügel, die das untere Heckflügelelement ersetzen sollen. Das bringt sicher Abtrieb, aber es kostet auch Luftwiderstand. Im Rennen könnte das ein Problem sein.

PERSONAL

Teamchef	Ron Dennis
Sportdirektor	Eric Boullier
Technischer Direktor	Tim Goss
Chefdesigner	Neil Oatley, Mark Williams
Aerodynamikchef	Simon Lacey
Chef Renneinsatz	Sam Michael
Geschäftsführer	Jonathan Neale
Teammanager	Dave Redding
Ingenieur Button	Dave Robson
Ingenieur Magnussen	Mark Temple

INTERNET

www.auto-motor-und-sport.de/formel1

20 Kevin Magnussen (DK)

PERSÖNLICHE DATEN

Geboren	5. Oktober 1992 in Roskilde
Wohnort	Woking (GB)
Größe	1,74 m
Gewicht	68 kg
Familienstand	ledig
Internet	www.kevinmagnussen.com

ERFOLGE

Rennen	0
WM-Punkte	0
GP-Siege	0
Pole-Positions	0
Schnellste Runden	0
Führungskilometer	0
Schnitt Punkte/GP	0
Schnitt Startplätze	0
F1-Debüt	GP Australien 2014
1. WM-Punkt	-
1. GP-Sieg	-

FORMEL 1-KARRIERE

Jahr	Team	Platz	Punkte
F1-Debütant			

Formel 1 – Saison 2014 **57**

Force India-Mercedes

27 Nico Hülkenberg (D)

PERSÖNLICHE DATEN

Geboren	19. August 1987 in Emmerich
Wohnort	Konstanz (CH)
Größe	1,84 m
Gewicht	74 kg
Familienstand	ledig
Internet	www.nico-huelkenberg.com

ERFOLGE

Rennen	57
WM-Punkte	136
GP-Siege	0
Pole-Positions	1
Schnellste Runden	1
Führungskilometer	173
Schnitt Punkte/GP	2,39
Schnitt Startplätze	10,77
F1-Debüt	GP Bahrain 2010
1. WM-Punkt	GP Malaysia 2010 (3. GP, P10 = 1 Punkt)
1. GP-Sieg	–

FORMEL 1-KARRIERE

Jahr	Team	Platz	Punkte
2010	Williams	14	22
2012	Force India	11	63
2013	Sauber	10	51

Der Rennstall aus Silverstone ist ein Meister der Effizienz. Force India hat gelernt, mit beschränkten Mitteln umzugehen. Doch in diesem Jahr sind gut 15 Millionen Euro mehr in der Kasse als sonst. Weil Sergio Perez neue Sponsoren mitbrachte. Der Mexikaner fand nach seinem Rauswurf bei McLaren Asyl. Perez hat es sich über den Winter gut gehen lassen. Er legte vier Kilogramm zu. Das Jahr wird nicht leicht für ihn. Nach Jenson Button trifft er nun auf Nico Hülkenberg. Der lange Rheinländer kehrt nach einem Jahr Sauber zurück. Und hat festgestellt, dass sein altes Team gewachsen ist. Trotzdem regierte beim Design Vorsicht. Technikchef Andy Green baute ein Auto, das auf Anhieb funktionieren muss. „Für die riskanten Lösungen ist

STAMMDATEN

WM-Titel:	**0/0**
F1-Debüt:	**GP Australien 2008**
Angestellte:	**330**
WM-Starts:	**112**
GP-Siege:	**0**
Punkte:	**336**

TECHNIK

Auto	Force India VJM07
Getriebe	Mercedes, 8-Gang, Karbon
Kraftstoff	Petronas
Felgen	Motegi Racing
ERS	Mercedes
Windkanal	Brackley, 50%
Motor	Mercedes PU106A V6-Turbo
Leistung	700-860 PS bei 15 000/min

► Force India Formula One ► Silverstone
► UK-Northamptonshire NN12 8TJ ► www.forceindiaf1.com

Keine Schönheit, aber funktionell. Und zehn Kilogramm zu schwer

später Zeit. Wenn wir mit so etwas auf die Nase fliegen, hätte das verheerende Auswirkungen." Deshalb trägt der neue VJM07 die erwartete Ameisenbär-Nase. Alle anderen Konzepte werden im Windkanal gegengecheckt. Auch die Seitenkästen sind wuchtiger, als es vielleicht nötig wäre. „Zurückbauen können wir immer noch", sagt Green. So denkt auch Sportdirektor Otmar Szafnauer. Die ersten vier Rennen gibt es billige Abstauberpunkte. Wenn man nur ins Ziel kommt. Ab dem GP Spanien wird Attacke gemacht. Bis dahin muss auch das Übergewicht von zehn Kilogramm runter. Mit Mercedes hat Force India von den Mittelfeld-Teams den Partner, der zumindest am Saisonbeginn am besten gerüstet ist. Das kann ein entscheidender Vorteil sein.

PERSONAL

Teamchef	Vijay Mallya
Sportdirektor	Otmar Szafnauer
Technischer Direktor	Andy Green
Chefdesigner	Ian Hall, Akio Haga
Aerodynamikchef	Simon Phillips
Chef Renneinsatz	Tom McCullough
Geschäftsführer	Bob Fernley
Teammanager	Andy Stevenson
Ingenieur Hülkenberg	Bradley Joyce
Ingenieur Perez	Gianpiero Lambiase

INTERNET

www.auto-motor-und-sport.de/formel1

11 Sergio Perez (MEX)

PERSÖNLICHE DATEN

Geboren	26. Dezember 1985 in Guadalajara
Wohnort	Monte Carlo (MC)
Größe	1,73 m
Gewicht	70 kg
Familienstand	ledig
Internet	www.sergioperez.com

ERFOLGE

Rennen	56
WM-Punkte	129
GP-Siege	0
Pole-Positions	0
Schnellste Runden	2
Führungskilometer	67
Schnitt Punkte/GP	2,30
Schnitt Startplätze	12,34
F1-Debüt	GP Australien 2011
1. WM-Punkt	GP Spanien 2011 (5. GP, P9 = 2 Punkte)
1. GP-Sieg	–

FORMEL 1-KARRIERE

Jahr	Team	Platz	Punkte
2011	Sauber	16	14
2012	Sauber	10	66
2013	McLaren	11	49

Sauber-Ferrari

99 Adrian Sutil (D)

PERSÖNLICHE DATEN

Geboren	11. Januar 1983 in Starnberg
Wohnort	Oensingen (CH)
Größe	1,83 m
Gewicht	75 kg
Familienstand	ledig
Internet	www.adrian-sutil.com

ERFOLGE

Rennen	109
WM-Punkte	124
GP-Siege	0
Pole-Positions	0
Schnellste Runden	1
Führungskilometer	58
Schnitt Punkte/GP	1,14
Schnitt Startplätze	14,79
F1-Debüt	GP Australien 2007
1. WM-Punkt	GP Japan 2007 (15.GP, P8 = 1 Punkt)
1. GP-Sieg	–

FORMEL 1-KARRIERE

Jahr	Team	Platz	Punkte
2007	Spyker	19	1
2008	Force India	19	0
2009	Force India	17	5
2010	Force India	11	47
2011	Force India	9	42
2013	Force India	13	29

Sauber lebt. Allen Totengesängen zum Trotz. Nach einem Jahr auf des Messers Schneide sieht es in Hinwil wieder etwas rosiger aus. Die mexikanischen Sponsoren von Esteban Gutiérrez haben die Geldschatulle etwas weiter geöffnet. Dazu kommt Unterstützung aus Russland und ein Zuschuss des Mäzens von Testfahrer Giedo van der Garde. Sportlich will Sauber dort ansetzen, wo man Ende 2013 aufgehört hat. Im vorderen Mittelfeld. Es gibt keinen Grund, warum das nicht so sein sollte. Das Konstruktionsbüro ist bis auf den Abgang von Pierre Waché zu Red Bull das gleiche wie im letzten Jahr. Sauber hat gelernt, mit begrenzten Mitteln das Maximum herauszuholen. Die aerodynamischen Fortschritte während der Vorsaison waren kein Zu-

STAMMDATEN

WM-Titel:	**0/0**
F1-Debüt:	**GP Südafrika 1993**
Angestellte:	**320**
WM-Starts:	**292**
GP-Siege:	**0**
Punkte:	**466**

TECHNIK

Auto	Sauber C33
Getriebe	Ferrari, 8-Gang, Karbon
Kraftstoff	Shell
Felgen	O.Z.
ERS	Ferrari
Windkanal	Hinwil, 60%
Motor	Ferrari 059/3 V6-Turbo
Leistung	700-860 PS bei 15 000/min

▶ Sauber Motorsport AG ▶ Wildbachstrasse 99
▶ CH-8340 Hinwil ▶ www.sauber-motorsport.com

Von allen Ameisenbär-Nasen baute Sauber die eleganteste

21 Esteban Gutiérrez (MEX)

PERSÖNLICHE DATEN

Geboren	5. August 1991 in Nuevo Lèon
Wohnort	Luzern (CH)
Größe	1,80 m
Gewicht	63 kg
Familienstand	ledig
Internet	www.estebangtz.com

ERFOLGE

Rennen	19
WM-Punkte	6
GP-Siege	0
Pole-Positions	0
Schnellste Runden	1
Führungskilometer	9
Schnitt Punkte/GP	0,32
Schnitt Startplätze	16,32
F1-Debüt	GP Australien 2013
1. WM-Punkt	GP Japan 2013 (15.GP, P7 = 6 Punkte)
1. GP-Sieg	–

FORMEL 1-KARRIERE

Jahr	Team	Platz	Punkte
2013	Sauber	16	6

fallstreffer, sondern aus dem Verständnis heraus geboren. Antriebseinheit und Getriebe kommen wie gehabt von Ferrari. Auch sonst ist die Anlehnung an Maranello ziemlich eng. Das hilft auch bei den elektronischen Systemen. Zum ersten Test nach Jerez wurde nur ein Versuchsträger geschickt. Sauber wollte das Ungeheuer erst einmal kennenlernen. Größtes Problem war die Programmierung der Bremsbalance. Den Fahrern fehlte noch das Vertrauen in die Bremse. Neuzugang Adrian Sutil muss die Lücke von Nico Hülkenberg füllen. Zum ersten Mal fährt der Gräfelfinger in einem anderen Rennstall als Force India. Sutil hat den Speed, und er hat Erfahrung. Zusammen mit Gutierrez, der sich zuletzt immer mehr steigerte, bildet er einen guten Mix.

PERSONAL

Teamchef	Monisha Kaltenborn
Chefdesigner	Eric Gandelin
Chef Fahrwerk	Ben Waterhouse
Aerodynamikchef	Willem Toet
Chef Renneinsatz	Giampaolo Dall'Ara
Aufsichtsratchef	Peter Sauber
Teammanager	Beat Zehnder
Testfahrer	Giedo van der Garde
	Sergej Sirotkin
Ingenieur Sutil	Marco Schüpbach
Ingenieur Gutierrez	Francesco Nenci

INTERNET

www.auto-motor-und-sport.de/formel1

ToroRosso-Renault

25 Jean-Eric Vergne (F)

PERSÖNLICHE DATEN

Geboren	25. April 1990 in Pontoise
Wohnort	Paris (F)
Größe	1,82 m
Gewicht	70 kg
Familienstand	ledig
Internet	www.jeanericvergne.com

ERFOLGE

Rennen	39
WM-Punkte	29
GP-Siege	0
Pole-Positions	0
Schnellste Runden	0
Führungskilometer	0
Schnitt Punkte/GP	0,74
Schnitt Startplätze	15,05
F1-Debüt	GP Australien 2012
1. WM-Punkt	GP Malaysia 2012 (2. GP, P8 = 4 Punkte)
1. GP-Sieg	–

FORMEL 1-KARRIERE

Jahr	Team	Platz	Punkte
2012	ToroRosso	17	16
2013	ToroRosso	15	13

Das Juniorteam von Red Bull will weg vom achten Platz in der Tabelle. Doch das wird schwerer denn je. Williams wird in diesem Jahr ein härterer Gegner als 2013. Auf dem Papier ist ToroRosso gut gerüstet. Die Truppe aus Faenza geht mit einem Budget von 140 Millionen Euro in das neue Jahr. Die Mannschaft ist inzwischen auf 350 Mitarbeiter angewachsen. In der Fabrik wurde kräftig aufgerüstet. Und man vertraut wieder mehr auf Synergien mit dem großen Bruder Red Bull. Deshalb der Wechsel von Ferrari- auf Renault-Motoren. Die Getriebeinnereien kommen von Red Bull. Das Gehäuse baut ToroRosso noch selbst. Technikchef James Key will bei der Geometrie der Hinterachse flexibel bleiben. Der neue STR9 ist in allen Bereichen auf

STAMMDATEN

WM-Titel:	**0/0**
F1-Debüt:	**GP Bahrain 2006**
Angestellte:	**350**
WM-Starts:	**147**
GP-Siege:	**1**
Punkte:	**169**

TECHNIK

Auto	ToroRosso STR9
Getriebe	Red Bull, 8-Gang, Aluminium
Kraftstoff	Total
Felgen	AppTech
ERS	Renault
Windkanal	Bicester, 50%
Motor	Renault EF1-2014 V6-Turbo
Leistung	700-860 PS bei 15 000/min

▶ Scuderia ToroRosso ▶ Via Spallanzani, 41
▶ I-48013 Faenza ▶ www.tororosso.com

Schlankes Heck und Airbox mit zusätzlichem Kühleinlass

26 Daniil Kvyat (RUS)

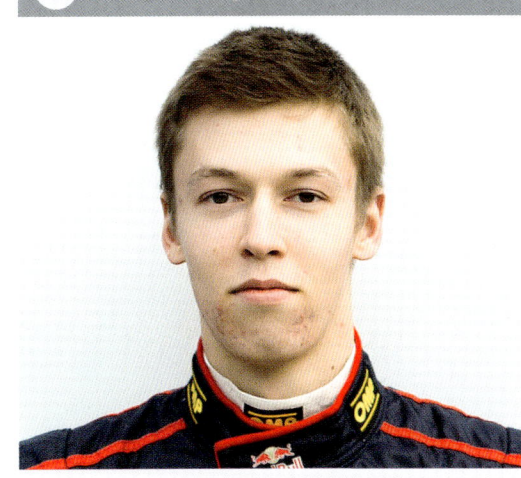

PERSÖNLICHE DATEN

Geboren	26. April 1994 in Ufa
Wohnort	Rom (I)
Größe	1,81 m
Gewicht	64 kg
Familienstand	ledig
Internet	www.redbull.com/daniilkvyat

ERFOLGE

Rennen	0
WM-Punkte	0
GP-Siege	0
Pole-Positions	0
Schnellste Runden	0
Führungskilometer	0
Schnitt Punkte/GP	0
Schnitt Startplätze	0
F1-Debüt	GP Australien 2014
1. WM-Punkt	-
1. GP-Sieg	-

FORMEL 1-KARRIERE

Jahr	Team	Platz	Punkte
F1-Debütant			

höchstmöglichen Spielraum ausgelegt. Die Nase könnte sich genauso ändern wie die Seitenkästen, die zunächst noch konservativ ausgelegt sind, um mit der Kühlung klarzukommen. Unter der Airbox sitzt ein dritter Einlass für die Kühlluft. Nur im Heck ist der ToroRosso extrem. Die Verkleidung ist zwischen den Hinterrädern so schlank wie beim Red Bull. Und der Heckflügel steht auf den beiden Endplatten. Im Cockpit gibt es eine Konstante. Jean-Eric Vergne geht in sein drittes Jahr. Weil Daniel Ricciardo zu Red Bull aufgerückt ist, spielt ToroRosso wieder Fahrschule für einen seiner Junioren. Es ist der 19-jährige Russe Daniil Kvyat. Der amtierende GP3-Meister durfte 2013 bereits an zwei Freitagstrainings teilnehmen. Und war auf Anhieb bei der Musik.

PERSONAL

Teamchef	Franz Tost
Technischer Direktor	James Key
Chefdesigner	Luca Furbatto
Aerodynamikchef	Brendon Gilhome
Entwicklungschef	Laurent Meckies
Teammanager	Steve Nielsen
Chef Renneinsatz	Phil Charles
Testfahrer	Sebastien Buemi, Felix da Costa
Ingenieur Vergne	Xevi Pujolar
Ingenieur Kvyat	Marco Matassa

INTERNET

www.auto-motor-und-sport.de/formel1

Williams-Mercedes

19 Felipe Massa (BR)

PERSÖNLICHE DATEN

Geboren	25. April 1981 in Sao Paulo
Wohnort	Monte Carlo (MC)
Größe	1,66 m
Gewicht	59 kg
Familienstand	verheiratet mit Anna Raffaela, 1 Sohn
Internet	www.felipemassa.com

ERFOLGE

Rennen	191
WM-Punkte	816
GP-Siege	11
Pole-Positions	15
Schnellste Runden	14
Führungskilometer	4283
Schnitt Punkte/GP	4,27
Schnitt Startplätze	8,25
F1-Debüt	GP Australien 2002
1. WM-Punkt	GP Malaysia 2002 (2. GP, P6 = 1 Punkt)
1. GP-Sieg	GP Türkei 2006 (68. GP)

FORMEL 1-KARRIERE

Jahr	Team	Platz	Punkte
2002	Sauber	13	4
2004	Sauber	12	12
2005	Sauber	13	11
2006	Ferrari	3	80
2007	Ferrari	4	94
2008	Ferrari	2	97
2009	Ferrari	11	22
2010	Ferrari	6	144
2011	Ferrari	6	118
2012	Ferrari	7	122
2013	Ferrari	8	112

Für Williams geht es ums Ganze. Der Rennstall muss zurück auf die Straße des Erfolges. 2012 war man auf dem besten Weg dazu, doch dann folgte im letzten Jahr der totale Absturz. Nur fünf WM-Punkte, Rang neun im Konstrukteurspokal. Pastor Maldonado beging Fahnenflucht und mit ihm die Petro-Dollars aus Venezuela. Immerhin gibt es rund 40 Millionen Euro Abfindung von PDVSA. Und es kommt ein neuer Hauptsponsor. Eigentlich ist es ein uralter. Martini platziert erstmals seit den 70er Jahren seine Farben wieder auf einem Formel 1-Auto. Maldonado wird durch Felipe Massa ersetzt. Der Routinier fühlt sich nach acht Jahren Ferrari wie neu geboren. Zusammen mit Valtteri Bottas hat Williams den idealen Mix aus Erfah-

STAMMDATEN

- WM-Titel: **7/9**
- F1-Debüt: **GP England 1972**
- Angestellte: **550**
- WM-Starts: **662**
- GP-Siege: **114**
- Punkte: **2761**

TECHNIK

Auto	Williams FW36
Getriebe	Williams, 8-Gang, Alu/Titan
Kraftstoff	Mercedes
Felgen	Rays
ERS	Mercedes
Windkanal	Grove, 60%
Motor	Mercedes PU106A V6-Turbo
Leistung	700-860 PS bei 15 000/min

▶ Williams GP Engineering ▶ Grove, Wantage
▶ UK-Oxfordshire OX12 0QD ▶ www.williamsf1.com

Der Williams FW36 hat die schmalsten Seitenkästen

rung und Jugend. Auch bei der Motorenwahl bewies Williams ein gutes Händchen. Dank Mercedes-Power begann der Testwinter reibungslos. Der neue Technikchef Pat Symonds hat seine Truppe mit Ingenieuren von Red Bull, Lotus und McLaren verstärkt. Und es gab klare Ansagen an das Konstruktionsbüro. Schluss mit gefährlichen Experimenten. Highlights des FW36 sind die schmalen Seitenkästen, die einen langen Radstand erfordern, und der Heckflügel, der auf einem Flügel direkt über dem Diffusor montiert ist. Obwohl viel Karbonmasse in ausreichend Steifigkeit investiert wurde, liegt Williams unter dem Mindestgewicht. Massa glaubt an den Erfolg: „Williams hat alles, was man dazu braucht: Die Leute, den Motor, die Werkzeuge."

77 Valtteri Bottas (FIN)

PERSÖNLICHE DATEN

Geboren	28. August 1989 in Villähde
Wohnort	Nastola (FIN)
Größe	1.73 m
Gewicht	70 kg
Familienstand	ledig
Internet	www.bottasvaltteri.com

ERFOLGE

Rennen	19
WM-Punkte	4
GP-Siege	0
Pole-Positions	0
Schnellste Runden	0
Führungskilometer	0
Schnitt Punkte/GP	0,21
Schnitt Startplätze	14,89
F1-Debüt	GP Australien 2013
1. WM-Punkt	GP USA 2013 (18.GP, P8 = 4 Punkte)
1. GP-Sieg	–

FORMEL 1-KARRIERE

Jahr	Team	Platz	Punkte
2013	Williams	17	4

PERSONAL

Teamchef	Frank Williams
Technischer Direktor	Pat Symonds
Chefdesigner	Ed Wood
Chefingenieur	Jakob Andreasen
Aerodynamikchef	Jason Somerville
Chef Renneinsatz	Rod Nelson
Geschäftsführer	Mike O'Driscoll
Teammanager	Dickie Stanford
Ingenieur Massa	Andrew Murdoch
Ingenieur Bottas	Jonathan Eddolls

INTERNET

www.auto-motor-und-sport.de/formel1

Marussia-Ferrari

⑰ Jules Bianchi (F)

PERSÖNLICHE DATEN

Geboren	3. August 1989 in Nizza
Wohnort	Nizza (F)
Größe	1,74 m
Gewicht	65 kg
Familienstand	ledig
Internet	www.jules-bianchi.net

ERFOLGE

Rennen	19
WM-Punkte	0
GP-Siege	0
Pole-Positions	0
Schnellste Runden	0
Führungskilometer	0
Schnitt Punkte/GP	0
Schnitt Startplätze	19,63
F1-Debüt	GP Australien 2013
1. WM-Punkt	-
1. GP-Sieg	-

FORMEL 1-KARRIERE

Jahr	Team	Platz	Punkte
2013	Marussia	19	0

Eine Zeitlang sah es so aus, als würde es Marussia in diesem Jahr nicht mehr geben. Besitzer Andrej Cheglakov wollte mit Williams fusionieren, stieß aber auf wenig Gegenliebe. Also macht er auf eigene Faust weiter. Mit starker Unterstützung des neuen Motorenlieferanten Ferrari. Aus Maranello kommen nicht nur die Antriebseinheit und das Getriebe. Es gibt auch Technik-Support aus Italien. Getestet wird aber weiter im McLaren-Windkanal. Marussia hat außerdem die Teileproduktion ausgeweitet. In Banbury steht jetzt auch ein Autoklav zur Fertigung von Karbonteilen. Eine kleine Gruppe von Ingenieuren begann bereits 2012 mit den ersten Chassis-Layouts für 2014. Erst ein Jahr später erfuhren sie von der neuen Partnerschaft mit Ferra-

STAMMDATEN

- WM-Titel: **0/0**
- F1-Debüt: **GP Bahrain 2010**
- Angestellte: **200**
- WM-Starts: **77**
- GP-Siege: **0**
- Punkte: **0**

TECHNIK

Auto	Marussia MR03
Getriebe	Ferrari, 8-Gang, Karbon
Kraftstoff	Shell
Felgen	BBS
ERS	Ferrari
Windkanal	Woking, 50%
Motor	Ferrari 059/3 V6-Turbo
Leistung	700-860 PS bei 15 000/min

▶ Marussia F1 Team ▶ Overthorpe Road
▶ UK-Banbury OX16 4PN ▶ www.marussiaf1team.com

Die Nase des Marussia MR03 ist eine Red Bull-Kopie

ri. Das kleinste Team der Formel 1 meisterte die technisch hochkomplexe Aufgabe mit Bravour. Mit zwei Tagen Verspätung trat der neue Marussia MR03-Ferrari den Testbetrieb an. Und kam mit erstaunlich wenig Kinderkrankheiten über die Runden. Die Nase erinnert an Red Bull. Der Heckflügel steht ebenfalls Red Bull-like auf einer zentralen Stelze. Die Seitenkästen sind schmal und flach. Unter der Verkleidung steckt eine neue Kühltechnik. „Wir haben mit unserer Lösung einen hohen Grad an Innovation erreicht", meint Chefdesigner John McQuilliam stolz. Zielankünfte können 2014 Punkte bedeuten. Deshalb blieb Marussia seinen Fahrern treu. Jules Bianchi hat ein klares Ziel: „Ich will WM-Punkte, wenn möglich aus eigener Kraft."

PERSONAL

Präsident	Andrej Cheglakov
Teamchef	John Booth
Sportdirektor	Graeme Lowdon
Chefingenieur	Dave Greenwood
Aerodynamikchef	Richard Taylor
Chefdesigner	John McQuilliam
Teammanager	Dave O'Neill
Ingenieur Bianchi	Michael Harre
Ingenieur Chilton	Gary Gannon

INTERNET

www.auto-motor-und-sport.de/formel1

4 Max Chilton (GB)

PERSÖNLICHE DATEN

Geboren	21. April 1991 in Reigate
Wohnort	Reigate (CH)
Größe	1,82 m
Gewicht	65 kg
Familienstand	ledig
Internet	www.maxchilton.com

ERFOLGE

Rennen	19
WM-Punkte	0
GP-Siege	0
Pole-Positions	0
Schnellste Runden	0
Führungskilometer	0
Schnitt Punkte/GP	0,00
Schnitt Startplätze	20,63
F1-Debüt	GP Australien 2013
1. WM-Punkt	–
1. GP-Sieg	–

FORMEL 1-KARRIERE

Jahr	Team	Platz	Punkte
2013	Marussia	19	0

Formel 1 – Saison 2014 **67**

Caterham-Renault

10 Kamui Kobayashi (J)

PERSÖNLICHE DATEN

Geboren	13. September 1986 in Amagasaki
Wohnort	Monte Carlo (MC)
Größe	1,70 m
Gewicht	62 kg
Familienstand	ledig
Internet	www.kamui-kobayashi.com

ERFOLGE

Rennen	60
WM-Punkte	125
GP-Siege	0
Pole-Positions	0
Schnellste Runden	1
Führungskilometer	0
Schnitt Punkte/GP	2,08
Schnitt Startplätze	13,07
F1-Debüt	GP Brasilien 2009
1. WM-Punkt	GP Abu Dhabi 2009
	(2. GP, P6 = 3 Punkte)

FORMEL 1-KARRIERE

Jahr	Team	Platz	Punkte
2009	Toyota	18	3
2010	Sauber	12	32
2011	Sauber	12	30
2012	Sauber	12	60

Caterham geht in sein fünftes Jahr. Im vierten verlor man auch noch Platz zehn an Marussia. Noch immer zeigt der rührige Besitzer Tony Fernandes Geduld. Doch in diesem Jahr müssen endlich die ersten Punkte her. Die Zutaten stimmen. Der Motor kommt wie bisher von Renault, das Getriebe von Red Bull. Die leitenden Ingenieure Mark Smith, John Iley, Lewis Butler und Gerry Hughes sind schon ewig im Geschäft. Beim Windkanal zog Caterham von Williams zu Toyota nach Köln um. Jetzt kann man erstmals mit 60-Prozent-Modellen testen. Dank Neuzugang Marcus Ericsson ist genügend Geld in der Kasse. Der erste Schwede seit Stefan Johansson weiß einen mächtigen Gönner hinter sich. Es ist der Besitzer der Weltfirma Tetra Pak. Das hat

STAMMDATEN

- WM-Titel: **0/0**
- F1-Debüt: **GP Bahrain 2010**
- Angestellte: **350**
- WM-Starts: **77**
- GP-Siege: **0**
- Punkte: **0**

TECHNIK

Auto	Caterham CT05
Getriebe	Red Bull, 8-Gang, Karbon
Kraftstoff	Total
Felgen	O.Z.
ERS	Renault
Windkanal	Köln, 60%
Motor	Renault EF1-2014 V6-Turbo
Leistung	700-860 PS bei 15 000/min

▶ Caterham F1 Team ▶ Leafield Technical Centre
▶ UK-Langley OX29 9EF Oxfordshire ▶ www.caterhamf1.com

Viel Kanten, wenig fließende Linien. Dazu eine Pullrod-Vorderachse

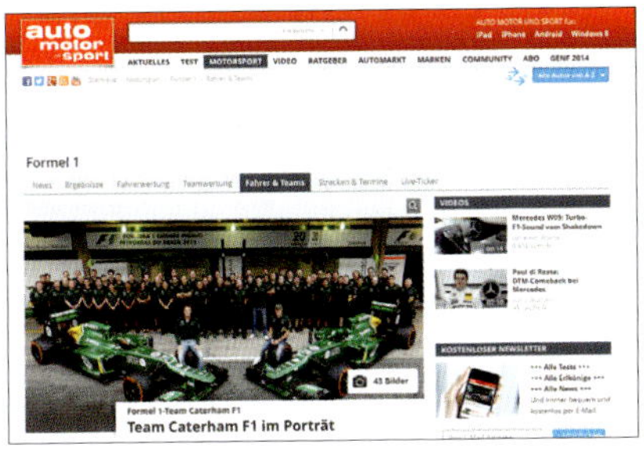

9 Marcus Ericsson (S)

PERSÖNLICHE DATEN

Geboren	2. September 1990 in Kumla
Wohnort	Orebro (S)
Größe	1,80 m
Gewicht	68 kg
Familienstand	ledig
Internet	www.marcusericsson.com

ERFOLGE

Rennen	0
WM-Punkte	0
GP-Siege	0
Pole-Positions	0
Schnellste Runden	0
Führungskilometer	0
Schnitt Punkte/GP	0
Schnitt Startplätze	0
F1-Debüt	GP Australien 2014
1. WM-Punkt	-
1. GP-Sieg	-

FORMEL 1-KARRIERE

Jahr	Team	Platz	Punkte
F1-Debütant			

dem Rennstall, der in der ehemaligen Arrows-Fabrik in Leafield residiert, genügend Luft verschafft, sich mit Kamui Kobayashi einen erfahrenen Piloten an Bord zu holen. Der Japaner hat ebenfalls sechs Millionen Euro beigesteuert. Das Geld stammt aus einer Fan-Aktion. Sie sollte dem Ende 2012 bei Sauber frei gestellten Kobayashi ein Cockpit sichern. Was mit einem Jahr Verzögerung funktioniert hat. Der neue Caterham CT05 ist keine Schönheit. Obwohl die Idee dahinter stimmig ist. Die dünne Nase ist fast direkt mit dem Frontflügel verbunden. Rechts und links davon strömt die Luft ungehindert Richtung Unterboden. Das Chassis hört bei den Vorderrädern auf und ist ein riesiger Keil in Flügelform. Die Vorderachse arbeitet mit Zugstreben.

PERSONAL

Teamchef	Cyril Abiteboul
Technischer Direktor	Mark Smith
Chefdesigner	Lewis Butler
Chefingenieur	Gerry Hughes
Aerodynamikchef	Hari Roberts
Entwicklungschef	John Iley
Teammanager	Graham Watson
Testfahrer	Robin Frijns, Alexander Rossi
Ingenieur Kobayashi	Tim Wright
Ingenieur Ericsson	Angel Baena

INTERNET

www.auto-motor-und-sport.de/formel1

CATERHAM

„ Mut zur Hässlichkeit. Der neue Caterham CT05 sieht aus, als käme er aus einem Comic-Film. Unter dem keilförmigen Chassis wächst ein dünner Schnabel hervor. Diese Anordnung erinnert an den Ferrari 312T4 von 1979 "

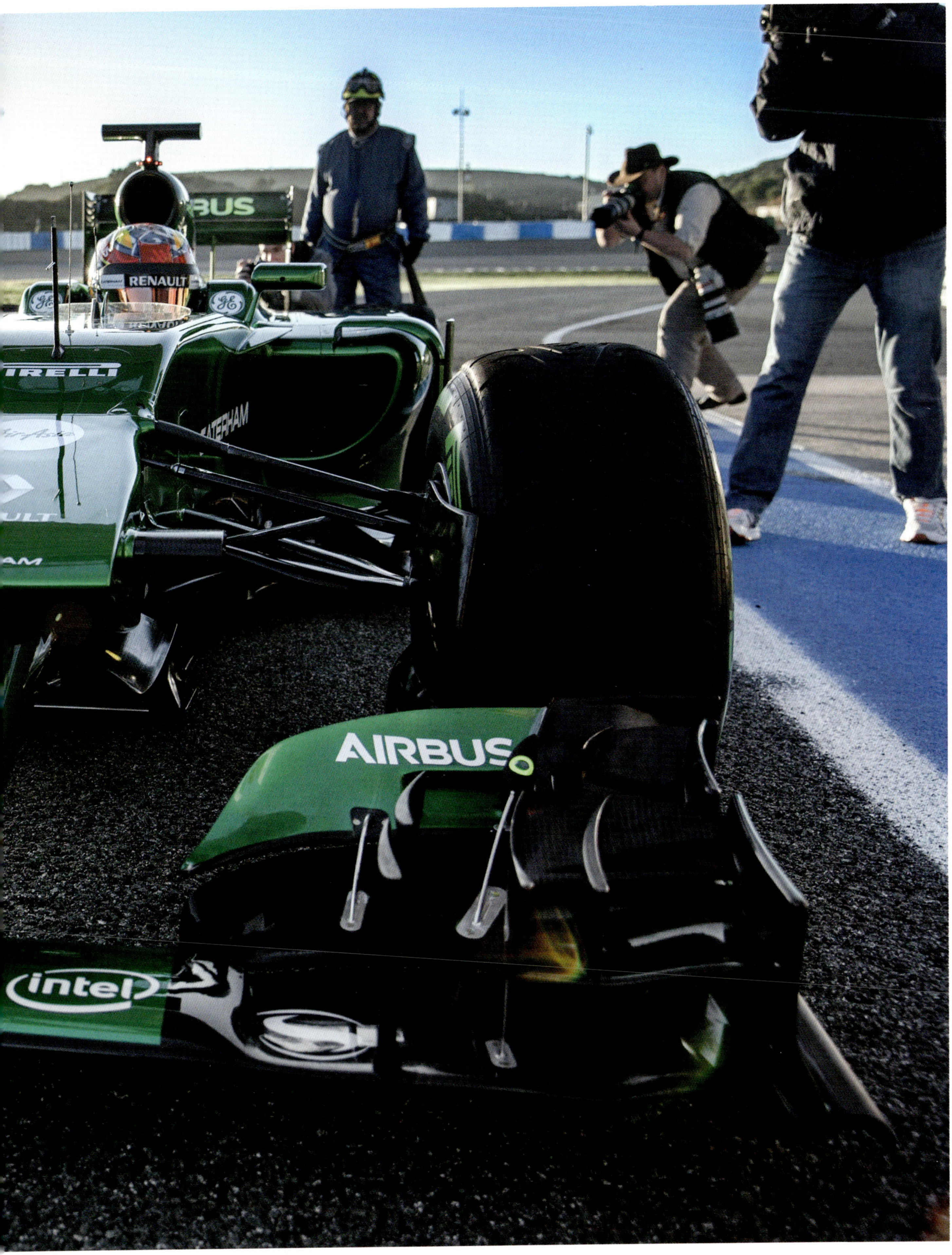
RENAULT
AIRBUS
intel

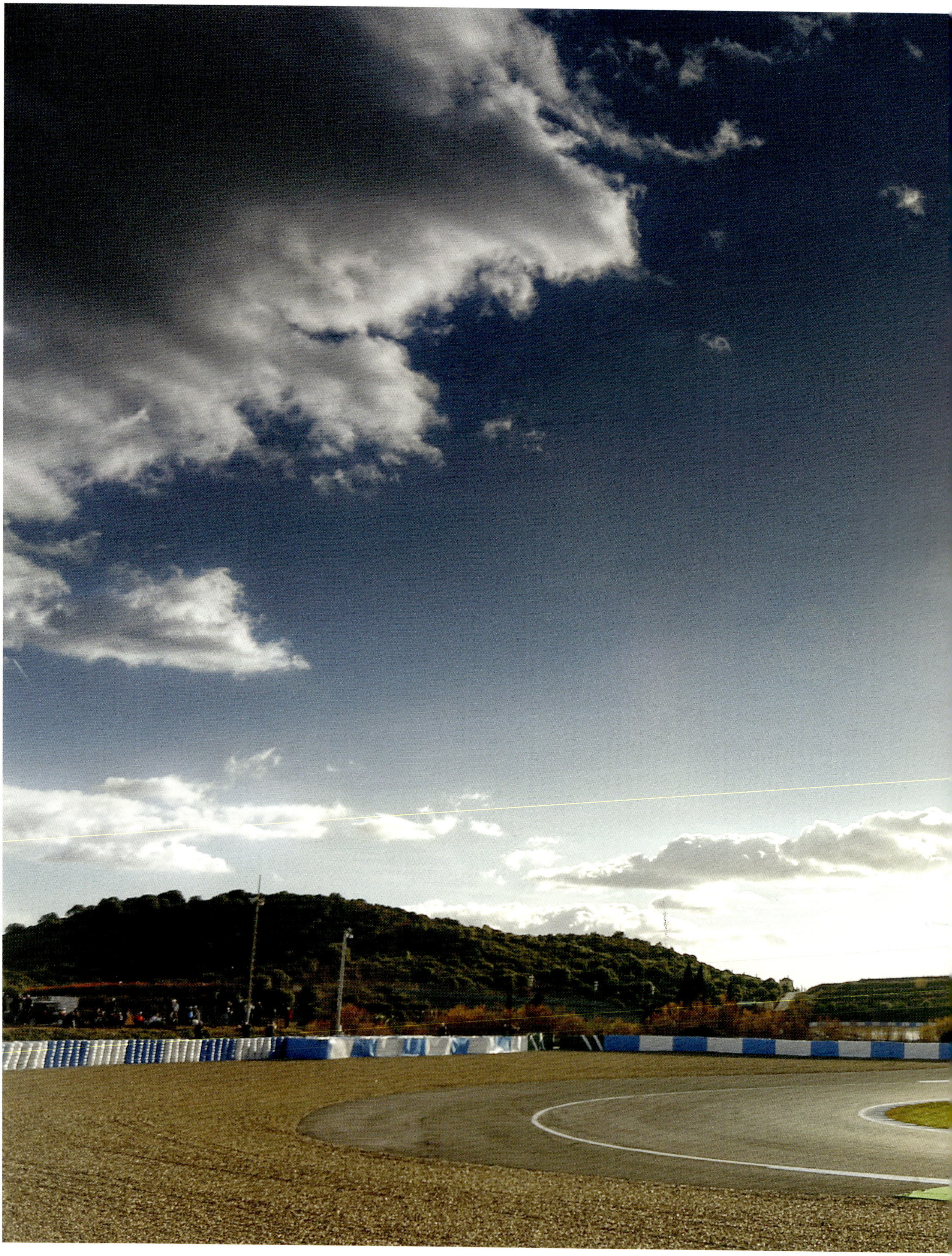

MARUSSIA

„ Impressionen aus Andalusien. Max Chilton nimmt im neuen Marussia die Zielkurve von Jerez. Die Sonne steht bereits tief, als der Engländer am vorletzten Testtag die ersten Runden dreht. Das Auto war in letzter Minute fertig geworden "

SAUBER

„ Adrian Sutil bremst mit dem Sauber die Zielkurve an. Die neuerdings automatische Bremskraftverteilung hat zu viel Bremsdruck auf die Vorderräder gelegt. Das passiert dann, wenn die Generatoren die Batterie speisen "

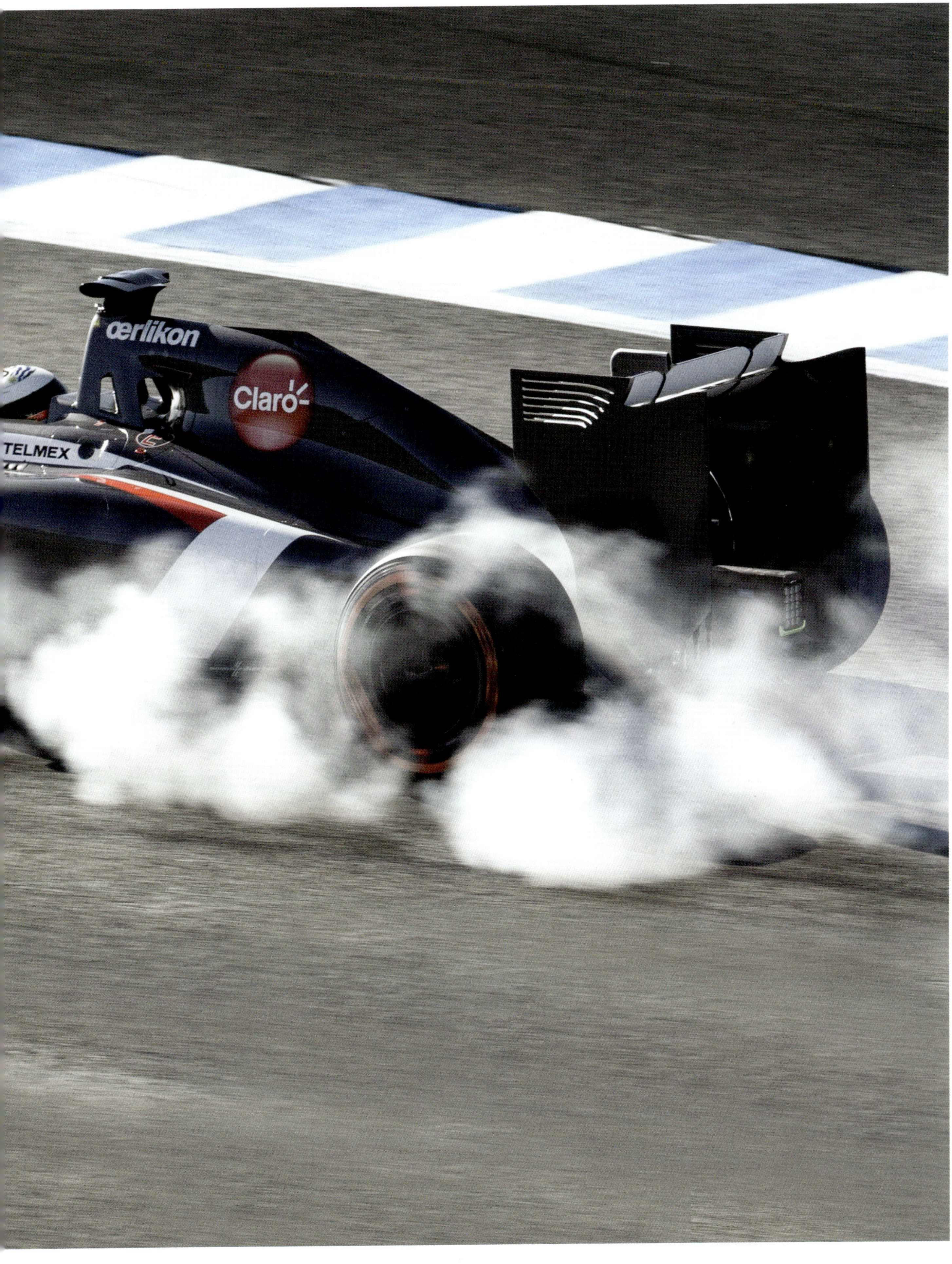
œrlikon
Claro
TELMEX

FERRARI

„ Fernando Alonso macht sich fertig zur Ausfahrt. Ferrari war im Vorfeld nicht viel zugetraut worden, doch der neue V6-Turbo aus Maranello und der F14T hinterließen bei den Testfahrten einen exzellenten Eindruck "

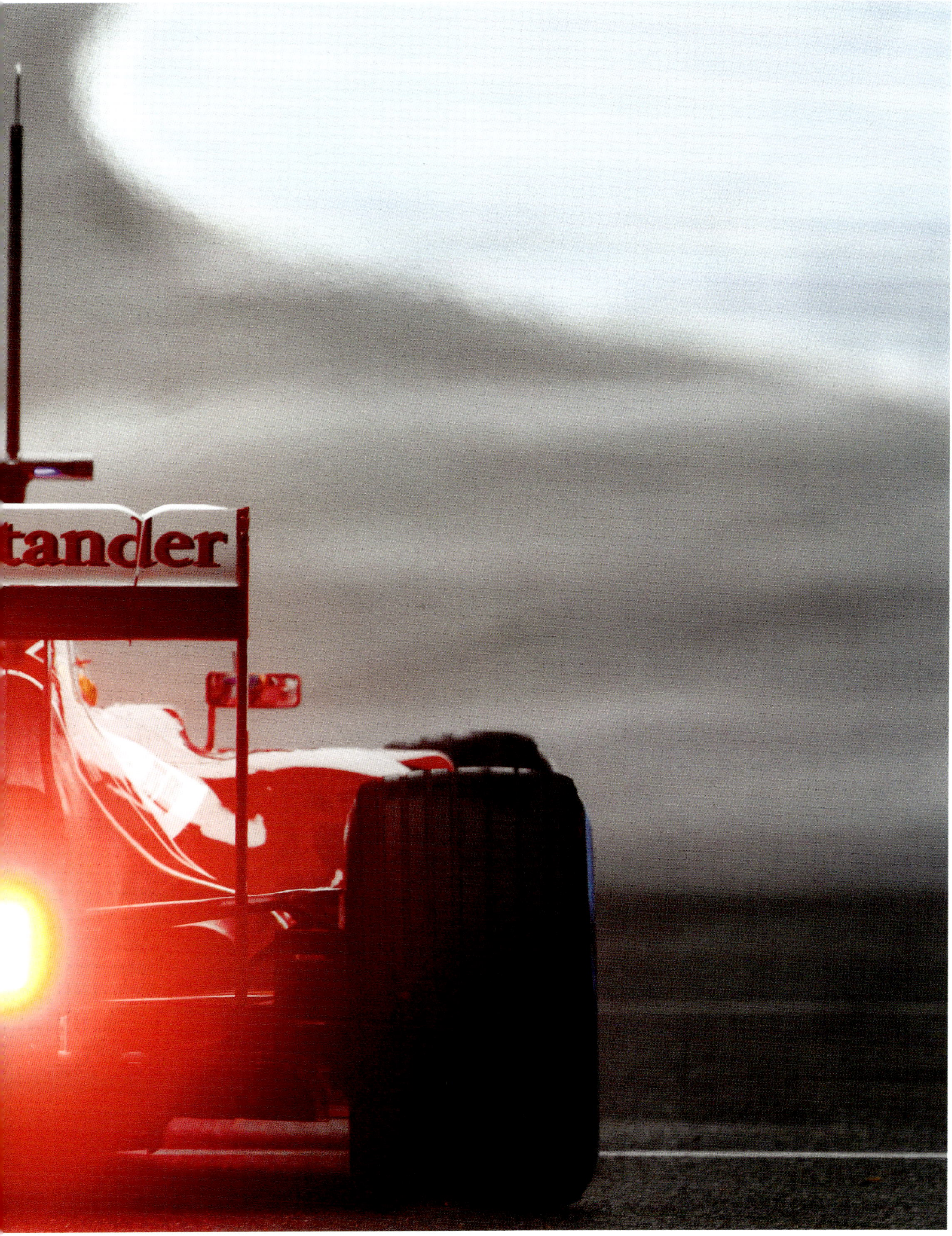
tander

TOROROSSO

„ Testtage in Jerez beginnen kurz nach Sonnenaufgang. Im Winter ist es in Andalusien morgens lange dunkel. Hier geht Jean-Eric Vergne im ToroRosso auf die Strecke. Red Bulls Juniorteam kam wegen Batterie-Ärger nur 54 Runden zum Fahren "

Die Nummer 3 will die Nummer 1 sein. Ricciardo sagt Vettel den Kampf an

Die jungen Helden

Für Daniel Ricciardo, Nico Hülkenberg und Kevin Magnussen steht ein Jahr der Entscheidungen an. Der eine kämpft gegen Sebastian Vettel, der andere um den Absprung in ein Topteam, und der Dritte debütiert mit einer ähnlichen Vorgeschichte wie Lewis Hamilton.

Seit 2010 gehört Magnussen zum McLaren-Kader. Wird er der neue Hamilton?

Hülkenberg fährt zum zweiten Mal für Force India. Er will in ein Topteam

Die ruhigen Jahre sind vorbei. Daniel Ricciardo durfte sieben Rennen bei HRT und zwei Jahre bei ToroRosso lernen. Jetzt geht es ums Ganze. Er wurde zu Red Bull befördert und tritt gegen den besten Fahrer der Welt an. Gegen Sebastian Vettel kann er nur gewinnen, sagen Ricciardos Kritiker. Das kann man auch anders sehen. Wenn Vettel den Australier deklassiert, dann gibt es für Ricciardo kein Auffangnetz mehr.

Auch Nico Hülkenberg hatte den perfekten Einstieg. Williams war seine Schule, Formel 1-Veteran Rubens Barrichello sein erster Maßstab. Dann lief der Karriereplan aus dem Ruder. Williams kündigte ihm in letzter Minute, weil man das Geld von Pastor Maldonado brauchte. Hülkenberg überbrückte ein Jahr als Testfahrer bei Force India, stieg zum Stammfahrer auf und hinterließ einen derart nachhaltigen Eindruck, dass sich die Spitzenteams zu interessieren begannen. Aber sie nahmen ihn nicht.

Also noch eine Warteschleife, diesmal bei Sauber. Dann wieder das gleiche Spiel. Ferrari, McLaren und Lotus klopften an, doch keiner traute sich, zuzuschlagen. Hülkenberg kehrte zu Force India zurück. Wild entschlossen, den Topteams zu zeigen, dass sie einen Fehler gemacht haben.

Magnussen wie Hamilton

Kevin Magnussen wird gleich ins kalte Wasser geworfen. Der 21-jährige Däne beginnt seine Karriere bei McLaren. Ein Topteam, das ein Jahr lang kein Topteam war. Magnussens Werdegang erinnert an Lewis Hamilton. Der Sohn des früheren Kurzzeit-Formel 1-Piloten Jan Magnussen wurde 2010 in den Förderkader von McLaren aufgenommen. Und er darf ohne ein Lehrjahr bei einem kleinen Team gleich an vorderster Front debütieren.

Sein Teamkollege ist ein Ex-Weltmeister. Was für Hamilton 2007 Fernando Alonso war, ist für Magnussen Jenson Button. Eine echte Messlatte. Im Gegensatz zu Alonso damals kennt Button das Team seit vier Jahren. Der Engländer ist allerdings auch nicht mehr der ultimative Maßstab, so wie es Alonso seinerzeit für Hamilton war.

Daniel Ricciardos Markenzeichen ist sein breites Lachen. Der 24-jährige aus Perth ist ein Strahlemann. Man kann ihn sich gut am Strand mit einem Surfbrett vorstellen. Doch Surfen ist nicht Ricciardos Ding. „Lieber Tennis, Rugby und Kricket." Immer wenn Ricciardo Heimaturlaub nimmt, warnt ihn Teamberater Helmut Marko: „Geh bitte nicht schwimmen. Bei dir zuhause hat es so viele Haie." Wie lange wird die Fürsorge anhalten? „Die Flitterwochen dauern nicht ewig", warnte Teamchef Christian Horner. Ricciardo will Vettel schlagen, auch wenn es sich ein bisschen verrückt anhört. „Es muss zumindest mein Wunsch sein. Jeder will doch der Beste sein."

Der Australier steht auf dem Standpunkt, dass er mehr zu gewinnen als zu verlieren hat: „Wenn das Auto gut läuft, erwartet jeder Siege von Seb. Niemand erwartet von mir, dass ich gleich den Nummer 1-Piloten schlage. Das nimmt auch etwas den Druck von mir. Ich möchte einfach vom Besten lernen. Und dann mal schauen, was geht. Wenn ich in Melbourne am Start stehe, will ich der bestmögliche Daniel sein."

Guter Rat von Webber

Ricciardo hat sich von seinem Landsmann Mark Webber beraten lassen. Der hat Vettel fünf Jahre lang leidvoll erfahren. „Mark hat mir nur geraten, dass ich entspannt bleiben soll. Ich soll das Fahren genießen und vor allem nicht so viel an meinem Stil ändern.

> „Die Formel 1 muss das Nonplusultra im Rennsport bleiben. Wenn wir vier Sekunden verlieren, wären wir zu nahe an den GP2-Autos dran"

Formel 1 – Saison 2014

Gefragter Mann: Ricciardo blickt in ein Heer von Mikrofonen und Kameras

> **„Ich bin darauf vorbereitet, dass es ein schweres Jahr wird, werde mir aber von Sebastian bestimmt nicht den Arsch versohlen lassen"**

Ich habe den Platz bekommen, weil ich ihn verdient habe. Es gibt also keinen Grund, plötzlich alles anders zu machen. Ich muss mich einfach immer steigern und darf mich nicht von dem Chaos um mich herum ablenken lassen." Die neuen Regeln sind eine Chance: „Sebastian war mit dem alten Paket so dominant. Wenn alles gleich bleiben würde, dann wäre er das sicher auch dieses Jahr gewesen. Mit dem neuen Reglement wird er wohl auch dominant bleiben, aber es gibt zumindest eine kleine Chance, dass andere näherrücken."

Ricciardo nutzte die Winterpause dazu, den neuen Teamkollegen zu studieren. „In Milton Keynes habe ich alles zur Verfügung. Wenn ich wissen will, wie Seb in Runde 45 in Indien gefahren ist, dann kann ich mir das anschauen. Ich habe seine Daten mit denen von Mark verglichen und geschaut, wie er im Vergleich dazu gefahren ist. Das Lesen und Verstehen der Daten ist eine meiner Stärken." Das Ziel? So nah an Vettel dranbleiben wie möglich, näher dran, als es Webber war. „Ich bin darauf vorbereitet, dass es eine große Herausforderung ist und dass es auch eine schwierige Zeit wird. Ich bin aber nicht darauf eingestellt, dass er mir den Arsch versohlt."

Perez ein starker Gegner

Nico Hülkenberg muss man nicht fragen, wie er sich das Teamduell gegen Sergio Perez vorstellt. Er hat Paul di Resta zur Nummer zwei degradiert, Esteban Gutierrez fast zerstört, und er will auch Perez keine Luft zum Atmen geben. Verwundert stellte er beim ersten Kennenlernen fest: „Ich rackere mich ab, dass ich ein bisschen Gewicht verliere, und der Sergio kommt mit dicken Backen zurück aus dem Winter. Er hat es sich offenbar gut gehen lassen." Trotzdem schätzt er den geschassten McLaren-Piloten hoch ein: „Wir kennen uns schon lange, haben 2005 in der Formel BMW zusammen angefangen. Seitdem haben wir uns immer wieder getroffen. 2009 sind wir noch zusammen in der GP2-Serie gefahren. Das wird ein enges Duell."

An die verpassten Chancen bei den Topteams will Hülkenberg nicht mehr denken. Nur hoffen, dass er mit Force India das bestmögliche aller Alternativlose gezogen hat. Und dass er mit Highlights den Druck auf die Topteams weiter erhöht. „Die Konzentration ist voll auf der neuen Saison. Das wird ein spannendes Jahr, weil keiner so richtig weiß, was einen erwartet. So ein neues Reglement gibt auch die Chance, als kleinerer Rennstall etwas besser zu machen als die anderen. Denken Sie nur an BrawnGP 2009." Der lange Rheinländer ist froh, dass er mit Mercedes-Power fährt: „Die sehen vom Motor her am besten sortiert aus."

Der erste Eindruck war gewöhnungsbedürftig. „Es ist ein ganz anderes Fahrgefühl, ganz andere Empfindungen. Im Cockpit ist alles völlig ruhig. Wo sind denn die ganzen Vibrationen hin?" Das Drehmoment von 550 Newtonmeter prägt sich als erstes im

Der erste Wintertest endete für Magnussen mit einer Bestzeit und einem Crash

Kopf ein: „Du kommst mit dem Hochschalten kaum nach. Es macht keinen Sinn, die Gänge auszudrehen, weil ab einer bestimmten Drehzahl nichts mehr kommt." Schade ist nur, dass die Autos langsamer geworden sind. Hülkenberg ist wie Vettel Vollblutrennfahrer: „Die Formel 1 muss das Nonplusultra bleiben. Wenn wir vier Sekunden verlieren, dann wäre die GP2 schon sehr nahe an die Formel 1 gerückt, und da wäre der Unterschied nicht mehr deutlich genug. Die Autos in den letzten vier Jahren waren zumindest im Qualifikationstrim schön schnell. Das ist als Erfahrung im Kopf abgespeichert. Davon will man als Fahrer nicht weg. Weil es sich schnell anfühlt, weil es Spaß macht, und weil es einen Kick gibt."

Talent vom Vater

Kevin Magnussen begann sein erstes Formel 1-Jahr mit einer Bestzeit und einem Crash. Auch das erinnert an Hamilton. Der neue Teamchef Ron Dennis glaubt an seinen Schützling. Er zählte neben den Ingenieuren zu den Befürwortern, den Dänen ins kalte Wasser zu werfen. „Magnussen kann das", glaubt auch der ehemalige Teamarzt Aki Hintsa. „Er hat das gleiche unglaubliche Talent seines Vaters, ist aber im Kopf viel stärker. Kevin muss man nicht erklären, worauf es ankommt. Er weiß es. Er lebt für die Formel 1. Bei seinem Vater hörte der Beruf außerhalb des Cockpits auf."

Die Ingenieure schwärmen von dem Meister der letztjährigen Renault-Weltserie. „Er fährt die Rundenzeiten mit der gleichen Konstanz wie die etablierten Piloten. Er ist auf Anhieb schnell. Er gibt für sein Alter ein unglaubliches Feedback", erzählt Sportdirektor Sam Michael. Magnussen hatte vor dem Testwinter rund 2100 Kilometer in einem Formel 1-Auto abgespult. Der Blondschopf glaubt, dass er den bestmöglichen Zeitpunkt für sein Debüt erwischt hat: „Rookie zu sein ist sicher kein Vorteil. Aber der Nachteil ist in diesem Jahr kleiner als sonst. Weil alles neu beginnt, auch für die erfahrenen Piloten. Ich habe weniger Ballast in meinem Rucksack. Trotzdem muss ich mehr lernen als die anderen. Ich habe vor dieser Aufgabe Respekt."

Jenson Button weiß, dass da kein normaler Anfänger auf ihn zukommt. Er geht schon einmal in Abwehrhaltung. Als gefragt wird, wie gut er den neuen Teamkollegen schon kennt, schüttelte der Engländer den Kopf: „Ich habe ihn vor dem ersten Test nur bei einem Fototermin gesehen. Er hat ein nettes Lächeln." Danach hat Button genauere Nachforschungen angestellt: „Ich war bei seinen Briefings dabei, um herauszufinden, wie er fährt, was er fühlt, und wie er denkt." Magnussen kann so wenig wie Ricciardo bei Red Bull mit einer Nichts-zu-verlieren-Einstellung in die Saison gehen. Wenn er gegen Button keinen Fuß auf den Boden bringt, hat McLaren bereits den nächsten Nachwuchsmann in der Hinterhand. Den Belgier Stoffel Vandoorne. Und der wird von Buttons Management betreut.

> **„ Rookie zu sein ist sicher kein Vorteil. Aber der Nachteil für einen Neueinsteiger ist in diesem Jahr kleiner als sonst. Weil alle bei Null anfangen „**

Manege für

Singapur ist nicht mehr das einzige Nachtrennen. Konkurrenz kommt von Abu Dhabi und Bahrain

17 000 PS

Der Formel 1-Kalender umfasst wieder 19 Rennen. Indien und Korea sind raus. Russland kommt neu hinzu. Dazu kehrt Österreich nach elf Jahren Pause in den Zirkus zurück. Alle Strecken, alle Daten, alle Sieger.

1 Australien

Melbourne 16. März 2014

Start um 17 Uhr Ortszeit, Siegerehrung in der Dämmerung

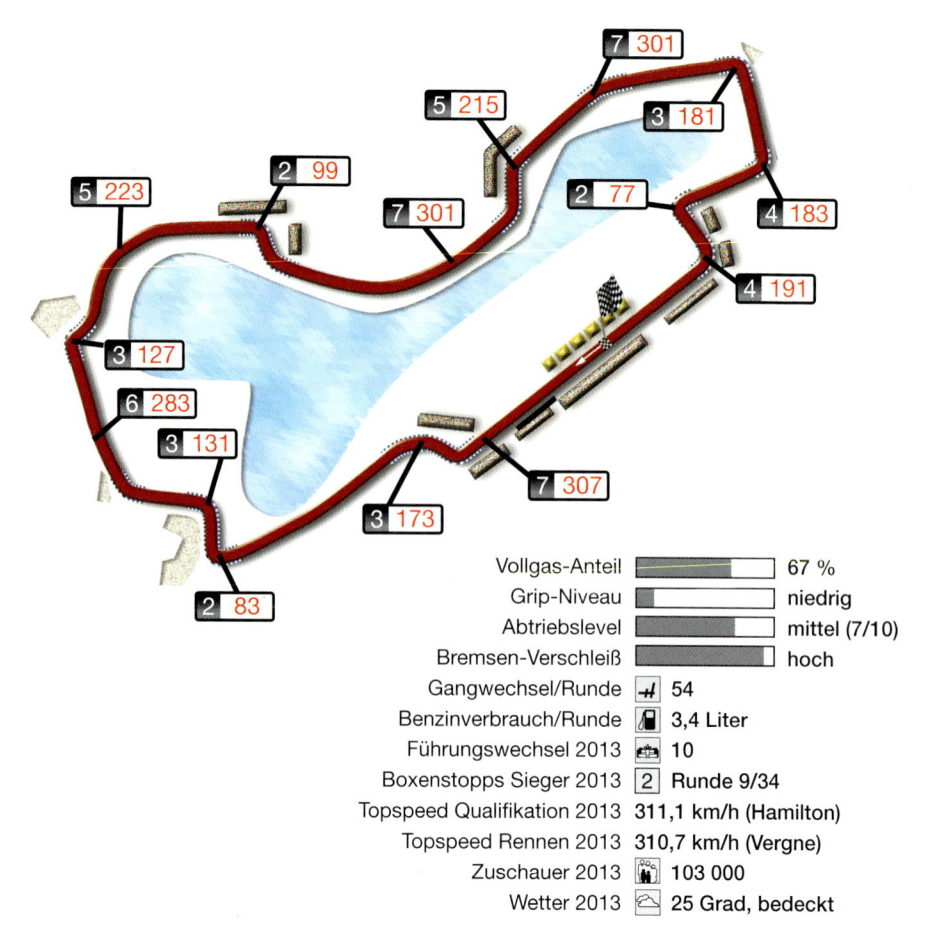

STRECKENDATEN

- Streckenlänge **5,303 km**
- Runden **58**
- Distanz **307,574 km**

www.grandprix.com.au

AUSKÜNFTE

Australian Grand Prix Corporation
220, Albert Road, P.O.Box 577
AUS-South Melbourne, Victoria 3205
Tel.: 0061/3/92587100
Fax: 0061/3/96820410
E-Mail: enquiries@grandprix.com.au

ZEITPLAN

- **Freitag**
  1. Training: 2.30–4.00 h MEZ
  2. Training: 6.30–8.00 h MEZ
- **Samstag**
  3. Training: 4.00–5.00 h MEZ
  Qualifikation: 7.00 h MEZ
- **Sonntag**
  Start F1-GP: 7.00 h MEZ

REKORDE

- **Die meisten WM-Punkte**
  Fernando Alonso, 93 Punkte
- **Die meisten Siege**
  Michael Schumacher, 4 (2000, 2001, 2002, 2004)
- **Die meisten Pole-Positions**
  Michael Schumacher, Mika Häkkinen, Sebastian Vettel, je 3 
- **Erster Sieger (1986)**
  Damon Hill (Williams-Renault)
  1:35.50,491 Std = 198,736 km/h
- **Sieger 2013**
  Kimi Räikkönen (Lotus-Renault)
  1:30.03,225 Std = 204,927 km/h
- **Pole-Position 2013**
  Sebastian Vettel (Red Bull-Renault)
  1.27,407 min = 218,413 km/h 
- **Schnellste Runde 2013**
  Kimi Räikkönen (Lotus-Renault)
  1.29,174 min = 213,845 km/h

Vollgas-Anteil	67 %
Grip-Niveau	niedrig
Abtriebslevel	mittel (7/10)
Bremsen-Verschleiß	hoch
Gangwechsel/Runde	54
Benzinverbrauch/Runde	3,4 Liter
Führungswechsel 2013	10
Boxenstopps Sieger 2013	2 Runde 9/34
Topspeed Qualifikation 2013	311,1 km/h (Hamilton)
Topspeed Rennen 2013	310,7 km/h (Vergne)
Zuschauer 2013	103 000
Wetter 2013	25 Grad, bedeckt

2 Malaysia

Sepang 30. März 2014

Bei hoher Luftfeuchtigkeit fühlen sich die Fahrer wie in der Sauna

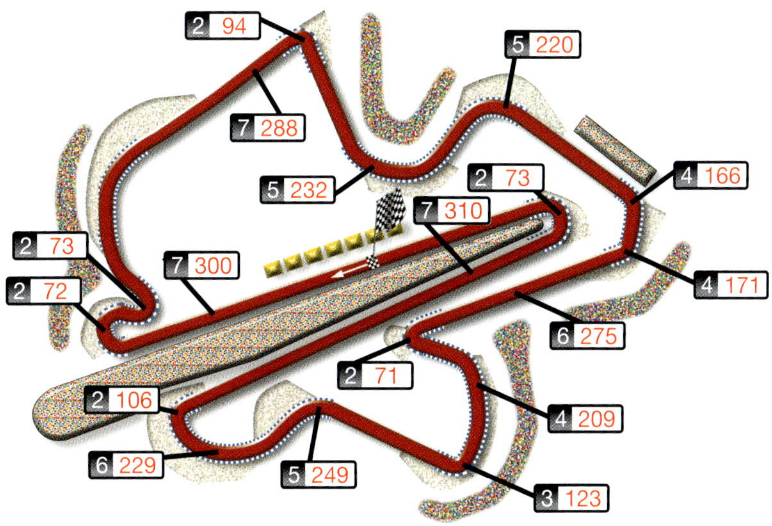

STRECKENDATEN

- Streckenlänge **5,553 km**
- Runden **56**
- Distanz **310,408 km**

www.sepangcircuit.com

AUSKÜNFTE

Sepang International Circuit
Jalan Pekeliling
64000 KLIA Selangor, Malaysia
Tel.: 0060/3/87782200
Fax: 0060/3/87831000

ZEITPLAN

▶ **Freitag**
1. Training: 3.00–4.30 h MEZ
2. Training: 7.00–8.30 h MEZ
▶ **Samstag**
3. Training: 6.00–7.00 h MEZ
Qualifikation: 9.00 h MEZ
▶ **Sonntag**
Start F1-GP: 10.00 h MEZ

REKORDE

▶ **Die meisten WM-Punkte**
Sebastian Vettel, 75 Punkte

▶ **Die meisten Siege**
Michael Schumacher, Fernando Alonso, Sebastian Vettel, je 3

▶ **Die meisten Pole-Positions**
Michael Schumacher, 5

▶ **Erster Sieger (1999)**
Eddie Irvine (Ferrari)
1:36.38,494 Std = 192,682 km/h

▶ **Sieger 2013**
Sebastian Vettel (Red Bull-Renault)
1:38.56,681 Std = 188,231 km/h

▶ **Pole-Position 2013**
Sebastian Vettel (Red Bull-Renault)
1.49,674 min = 181,946 km/h

▶ **Schnellste Runde 2013**
Sergio Perez (McLaren-Mercedes)
1.39,199 min = 201,159 km/h

Vollgas-Anteil	58 %
Grip-Niveau	mittel
Abtriebslevel	hoch (9/10)
Bremsen-Verschleiß	mittel
Gangwechsel/Runde	52
Benzinverbrauch/Runde	3,3 Liter
Führungswechsel 2013	9
Boxenstopps Sieger 2013	4 Runde 5/22/32/42
Topspeed Qualifikation 2013	307,1 km/h (Sutil)
Topspeed Rennen 2013	308,1 km/h (Gutierrez)
Zuschauer 2013	38 000
Wetter 2013	26 Grad, Regen

3 Bahrain

Sakhir 6. April 2014

STRECKENDATEN

- Streckenlänge **5,412 km**
- Runden **57**
- Distanz **308,238 km**

www.bahraingp.com

AUSKÜNFTE

Bahrain International Circuit
P.O.Box 26381
Sakhir, Kingdom of Bahrain
Tel.: 0097/3/17450000
Fax: 0097/3/17451111
E-Mail: info@bic.com.bh

ZEITPLAN

▶ **Freitag**
1. Training: 13.00–14.30 h MESZ
2. Training: 17.00–18.30 h MESZ

▶ **Samstag**
3. Training: 14.00–15.00 h MESZ
Qualifikation: 17.00 h MESZ

▶ **Sonntag**
Start F1-GP: 17.00 h MESZ

REKORDE

▶ **Die meisten WM-Punkte**
Sebastian Vettel, 70 Punkte

▶ **Die meisten Siege**
Fernando Alonso, 3
(2005, 2006, 2010)

▶ **Die meisten Pole-Positions**
Michael Schumacher,
Sebastian Vettel, je 2

▶ **Erster Sieger (2004)**
Michael Schumacher (Ferrari)
1:28.34,675 Std = 208,976 km/h

▶ **Sieger 2013**
Sebastian Vettel (Red Bull-Renault)
1:36.00,498 Std = 192,632 km/h

▶ **Pole-Position 2013**
Nico Rosberg (Mercedes)
1.32,330 min = 211,017 km/h

▶ **Schnellste Runde 2013**
Sebastian Vettel (Red Bull-Renault)
1.36,961 min = 200,939 km/h

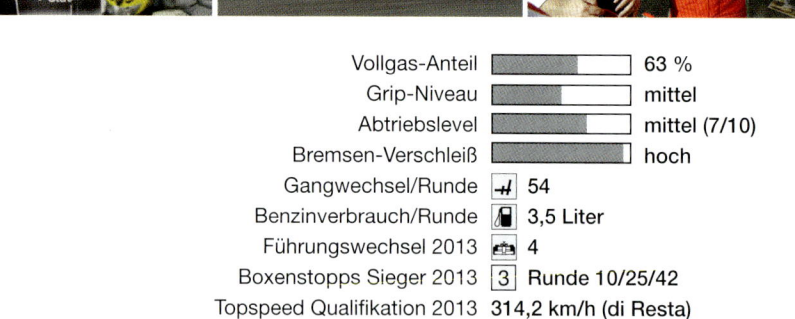

Das fahle Wüstenlicht ist Vergangenheit. 2014 gibt es ein Nachtrennen

Vollgas-Anteil	63 %
Grip-Niveau	mittel
Abtriebslevel	mittel (7/10)
Bremsen-Verschleiß	hoch
Gangwechsel/Runde	54
Benzinverbrauch/Runde	3,5 Liter
Führungswechsel 2013	4
Boxenstopps Sieger 2013	3 Runde 10/25/42
Topspeed Qualifikation 2013	314,2 km/h (di Resta)
Topspeed Rennen 2013	314,2 km/h (Massa)
Zuschauer 2013	12 000
Wetter 2013	29 Grad, sonnig

4 China

Shanghai 20. April 2014

Das Zuschauerinteresse zog 2013 an. Es kamen 130 000 Fans

STRECKENDATEN
- Streckenlänge **5,451 km**
- Runden **56**
- Distanz **305,066 km**

www.icsh.sh.cn

AUSKÜNFTE

SIC Headquarters
29F Jushi Tower, Yining Road 2000
VRC-Shanghai
Tel.: 0086/21/96826999
Fax: 0086/21/63306655
E-Mail: contact@icsh.sh.cn

ZEITPLAN

▶ **Freitag**
1. Training: 4.00–5.30 h MESZ
2. Training: 8.00–9.30 h MESZ

▶ **Samstag**
3. Training: 5.00–6.00 h MESZ
Qualifikation: 8.00 h MESZ

▶ **Sonntag**
Start F1-GP: 9.00 h MESZ

REKORDE

▶ **Die meisten WM-Punkte**
Jenson Button, 89 Punkte

▶ **Die meisten Siege**
Lewis Hamilton, Fernando Alonso, je 2

▶ **Die meisten Pole-Positions**
Sebastian Vettel, Lewis Hamilton, je 3

▶ **Erster Sieger (2004)**
Rubens Barrichello (Brasilien)
1:29.12,420 Std = 205,185 km/h

▶ **Sieger 2013**
Fernando Alonso (Ferrari)
1:36.26,929 Std = 189,778 km/h

▶ **Pole-Position 2013**
Lewis Hamilton (Mercedes)
1.35,121 min = 207,692 km/h

▶ **Schnellste Runde 2013**
Sebastian Vettel (Red Bull-Renault)
1.39,960 min = 202,706 km/h

Vollgas-Anteil	56 %
Grip-Niveau	mittel
Abtriebslevel	mittel (7/10)
Bremsen-Verschleiß	niedrig
Gangwechsel/Runde	50
Benzinverbrauch/Runde	3,4 Liter
Führungswechsel 2013	9
Boxenstopps Sieger 2013	3 Runde 6/23/41
Topspeed Qualifikation 2013	319,8 km/h (Rosberg)
Topspeed Rennen 2013	320,9 km/h (Ricciardo)
Zuschauer 2013	130 000
Wetter 2013	26 Grad, diesig

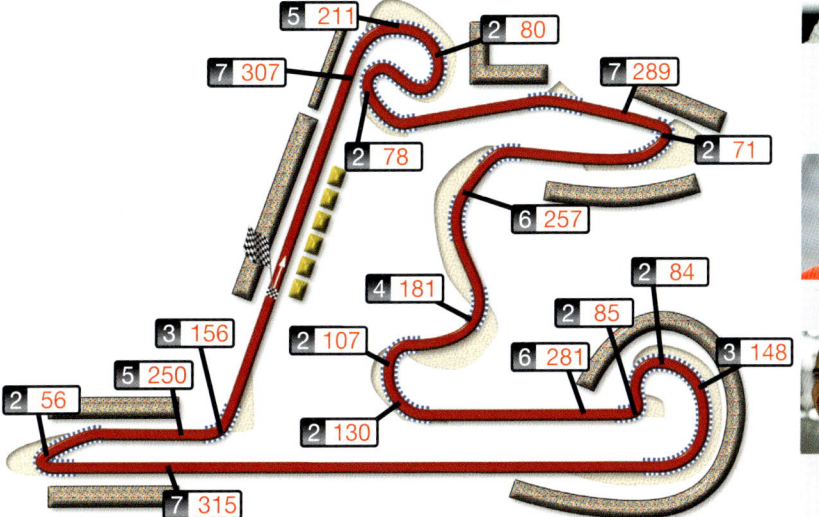

5 Spanien

Barcelona 11. Mai 2014

Barcelona hat seinen festen Platz als Europa-Auftakt im Kalender

STRECKENDATEN

- Streckenlänge **4,655 km**
- Runden **66**
- Distanz **307,104 km**

www.circuitcat.com

AUSKÜNFTE

Circuit de Catalunya
Apartet de Correus 27
E-08160 Barcelona
Tel.: 0034/93/5719700
Fax: 0034/93/5722772
E-Mail: tickets@circuitcat.com

ZEITPLAN

- **Freitag**
  1. Training: 10.00–11.30 h MESZ
  2. Training: 14.00–15.30 h MESZ
- **Samstag**
  3. Training: 11.00–12.00 h MESZ
  Qualifikation: 14.00 h MESZ
- **Sonntag**
  Start F1-GP: 14.00 h MESZ

REKORDE

- **Die meisten WM-Punkte**
  Michael Schumacher, 118 Punkte
- **Die meisten Siege**
  Michael Schumacher, 6
  (1995, 1996, 2001, 2002, 2003, 2004)
- **Die meisten Pole-Positions**
  Michael Schumacher, 7
- **Erster Sieger (1991)**
  Nigel Mansell (Williams-Renault)
  1:38.41,541 Std = 187,586 km/h
- **Sieger 2013**
  Fernando Alonso (Ferrari)
  1:39.16,596 Std = 185,605 km/h
- **Pole-Position 2013**
  Nico Rosberg (Mercedes)
  1.20,718 min = 207,216 km/h
- **Schnellste Runde 2013**
  Esteban Gutierrez (Sauber-Ferrari)
  1.26,217 min = 194,370 km/h

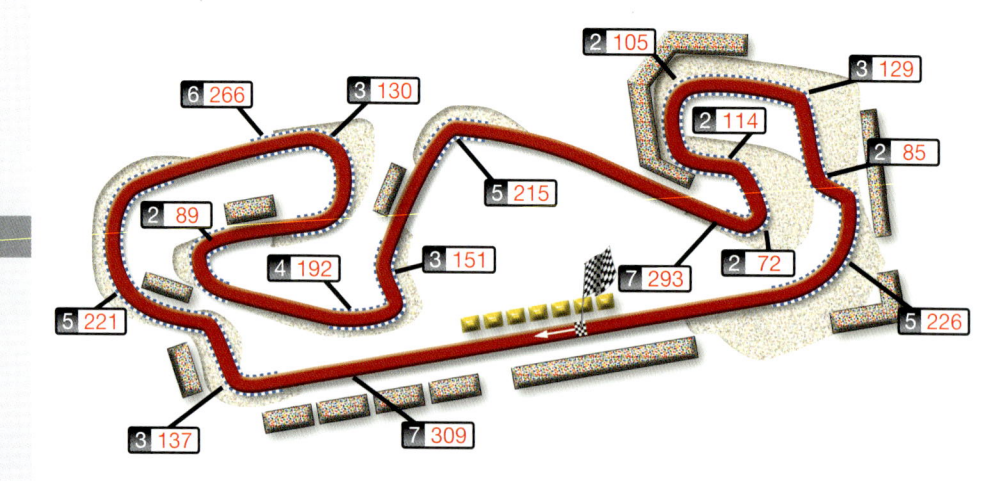

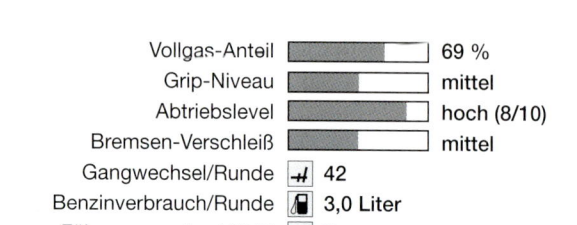

Vollgas-Anteil	69 %
Grip-Niveau	mittel
Abtriebslevel	hoch (8/10)
Bremsen-Verschleiß	mittel
Gangwechsel/Runde	42
Benzinverbrauch/Runde	3,0 Liter
Führungswechsel 2013	7
Boxenstopps Sieger 2013	4 Runde 9/21/36/49
Topspeed Qualifikation 2013	318,5 km/h (Alonso)
Topspeed Rennen 2013	318,8 km/h (Alonso)
Zuschauer 2013	95 000
Wetter 2013	20 Grad, bewölkt

6 Monaco

Monte Carlo 25. Mai 2014

Der Anachronismus des Jahres: Mit 750 PS durch die Stadt

STRECKENDATEN
- Streckenlänge **3,340 km**
- Runden **78**
- Distanz **260,520 km**

www.acm.mc

AUSKÜNFTE
Automobile Club de Monaco
23, Boulevard Albert 1er
MC-98000 Monaco
Tel.: 00377/93/152600
Fax: 00377/93/258008
E-Mail: info@acm.mc

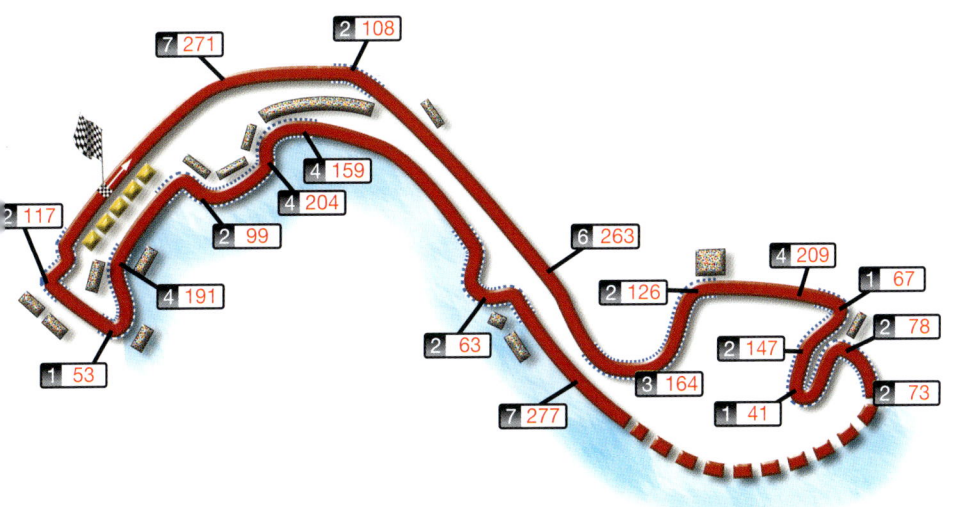

ZEITPLAN
- **Freitag**
  1. Training: 10.00–11.30 h MESZ
  2. Training: 14.00–15.30 h MESZ
- **Samstag**
  3. Training: 11.00–12.00 h MESZ
  Qualifikation: 14.00 h MESZ
- **Sonntag**
  Start F1-GP: 14.00 h MESZ

REKORDE
- **Die meisten WM-Punkte**
  Mark Webber, 92 Punkte 
- **Die meisten Siege**
  Ayrton Senna, 6
  (1987, 1989, 1990, 1991, 1992, 1993)
- **Die meisten Pole-Positions**
  Ayrton Senna, 5 
- **Erster Sieger (1950)**
  Juan-Manuel Fangio (Alfa Romeo)
  3:13.18,7 Std = 98,700 km/h
- **Sieger 2013**
  Nico Rosberg (Mercedes)
  2:17.52,056 Std = 113,378 km/h 
- **Pole-Position 2013**
  Nico Rosberg (Mercedes)
  1.13,876 min = 162,761 km/h
- **Schnellste Runde 2013**
  Sebastian Vettel (Red Bull-Renault)
  1.16,577 min = 157,018 km/h

Vollgas-Anteil	42 %
Grip-Niveau	hoch
Abtriebslevel	hoch (10/10)
Bremsen-Verschleiß	hoch
Gangwechsel/Runde	56
Benzinverbrauch/Runde	2,1 Liter
Führungswechsel 2013	0
Boxenstopps Sieger 2013	2 Runde 31/47
Topspeed Qualifikation 2013	284,1 km/h (Webber)
Topspeed Rennen 2013	289,0 km/h (Button)
Zuschauer 2013	70 000
Wetter 2013	19 Grad, bewölkt

Formel 1 – Saison 2014

7 Kanada

Montreal 8. Juni 2014

Montreal zählt zu den beliebtesten Rennen im Kalender

STRECKENDATEN

- Streckenlänge **4,361 km**
- Runden **70**
- Distanz **305,270 km**

www.grandprix.ca

AUSKÜNFTE

Grand Prix F1 du Canada
Casier Postale 248 succ., Place d'armes
CDN-Montréal, Quebec
Tel.: 001/514/3504731
Fax: 001/514/3504707
E-Mail: sales@grandprix.ca

ZEITPLAN

- **Freitag**
  1. Training: 16.00–17.30 h MESZ
  2. Training: 20.00–21.30 h MESZ
- **Samstag**
  3. Training: 16.00–17.00 h MESZ
  Qualifikation: 19.00 h MESZ
- **Sonntag**
  Start F1-GP: 20.00 h MESZ

REKORDE

- **Die meisten WM-Punkte**
  Michael Schumacher, 118 Punkte
- **Die meisten Siege**
  Michael Schumacher, 7
  (1994, 1997, 1998, 2000, 2002, 2003, 2004)
- **Die meisten Pole-Positions**
  Michael Schumacher, 6
- **Erster Sieger (1978)**
  Gilles Villeneuve (Ferrari)
  1:57.49,196 Std = 160,410 km/h
- **Sieger 2013**
  Sebastian Vettel (Red Bull-Renault)
  1:32.09,143 Std = 198,760 km/h
- **Pole-Position 2013**
  Sebastian Vettel (Red Bull-Renault)
  1.25,425 min = 183,782 km/h
- **Schnellste Runde 2013**
  Mark Webber (Red Bull-Renault)
  1.16,182 min = 206,080 km/h

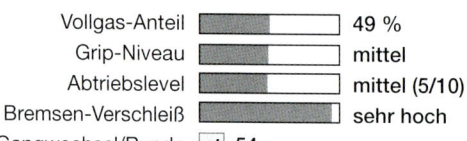

Vollgas-Anteil	49 %
Grip-Niveau	mittel
Abtriebslevel	mittel (5/10)
Bremsen-Verschleiß	sehr hoch
Gangwechsel/Runde	54
Benzinverbrauch/Runde	3,0 Liter
Führungswechsel 2013	2
Boxenstopps Sieger 2013	2 Runde 16/49
Topspeed Qualifikation 2013	322,2 km/h (Pérez)
Topspeed Rennen 2013	321,6 km/h (Hülkenberg)
Zuschauer 2013	110 000
Wetter 2013	23 Grad, bewölkt

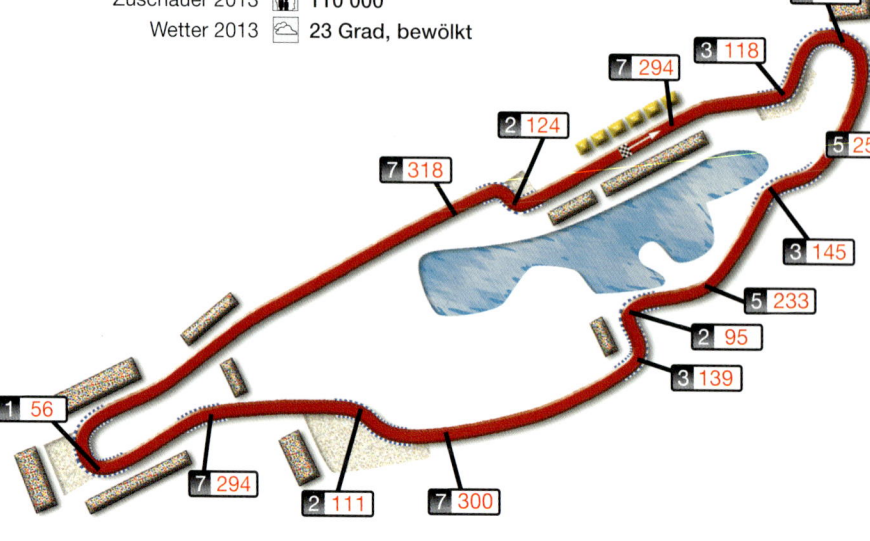

8 Österreich

Red Bull-Ring 22. Juni 2014

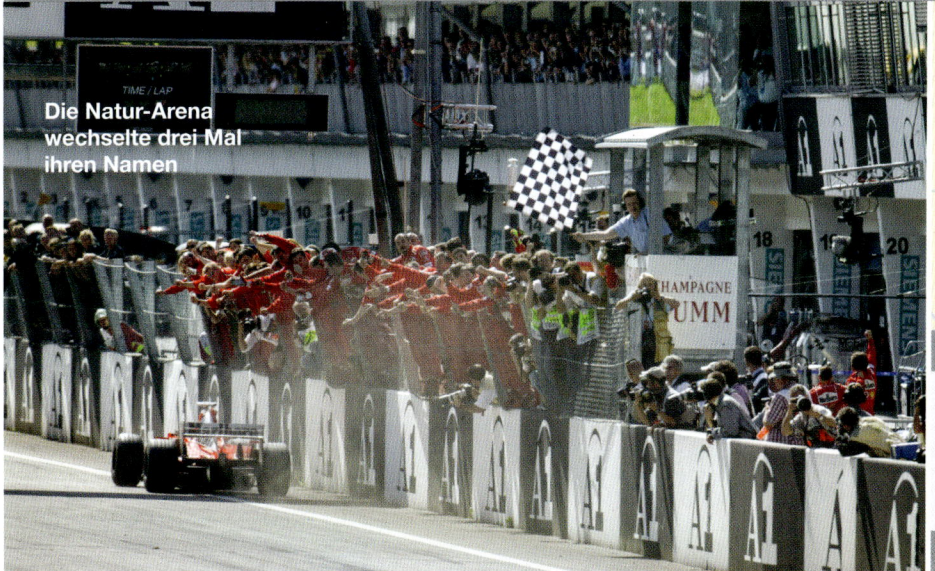

Die Natur-Arena wechselte drei Mal ihren Namen

Österreich — A1 Ring GP • Graz

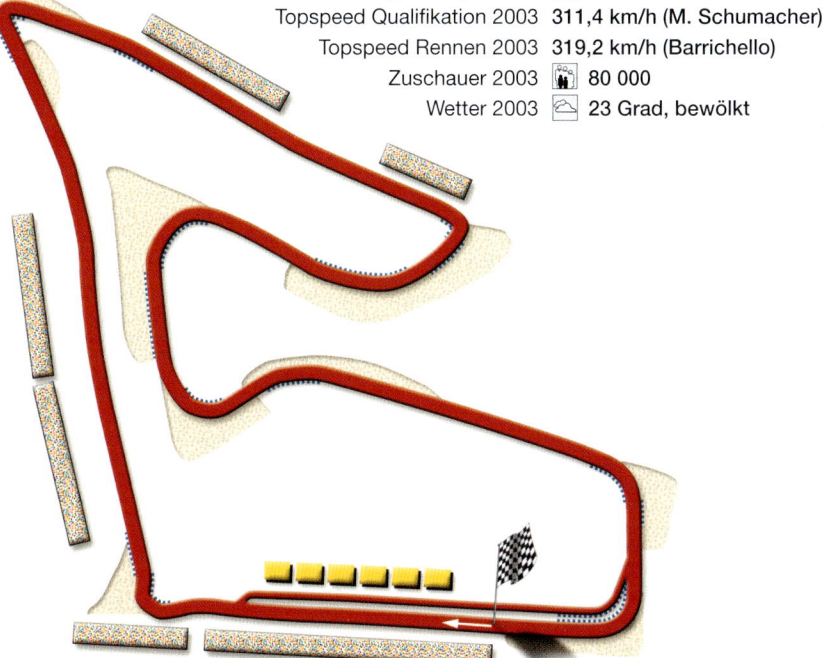

STRECKENDATEN

- Streckenlänge **4,326 km**
- Runden **71**
- Distanz **307,146 km**

www.projekt-spielberg.at

AUSKÜNFTE

Red Bull-Ring
Schlossweg 1
A-8724 Spielberg, Österreich
Tel.: 0043/3577/20227000
Fax: 0043/3577/22290
E-Mail: tickets@gpt.at

ZEITPLAN

- **Freitag**
  1. Training: 10.00–11.30 h MESZ
  2. Training: 14.00–15.30 h MESZ
- **Samstag**
  3. Training: 11.00–12.00 h MESZ
  Qualifikation: 14.00 h MESZ
- **Sonntag**
  Start F1-GP: 14.00 h MESZ

REKORDE

- **Die meisten WM-Punkte**
  David Coulthard, 39 Punkte
- **Die meisten Siege**
  Mika Häkkinen, Michael Schumacher, je 2
- **Die meisten Pole-Positions**
  Michael Schumacher, Jacques Villeneuve, je 2
- **Erster Sieger (1997)**
  Jacques Villeneuve (Williams)
  1:27.35,999 Std = 210,228 km/h
- **Sieger 2003**
  Michael Schumacher (Ferrari)
  1:24.04,888 Std = 213,003 km/h
- **Pole-Position 2003**
  Michael Schumacher (Ferrari)
  1.09,150 min = 225,214 km/h 
- **Schnellste Runde 2003**
  Michael Schumacher (Ferrari)
  1.08,337 min = 227,894 km/h

Vollgas-Anteil	59 %
Grip-Niveau	niedrig
Abtriebslevel	mittel (7/10)
Bremsen-Verschleiß	hoch
Gangwechsel/Runde	44
Benzinverbrauch/Runde	2,8 Liter
Führungswechsel 2003	5
Boxenstopps Sieger 2003	2 Runde 23/42
Topspeed Qualifikation 2003	311,4 km/h (M. Schumacher)
Topspeed Rennen 2003	319,2 km/h (Barrichello)
Zuschauer 2003	80 000
Wetter 2003	23 Grad, bewölkt

Formel 1 – Saison 2014

9 England

Silverstone 6. Juli 2014

Das neue Boxengebäude passt nicht zu der Traditionsstrecke Silverstone

STRECKENDATEN

- Streckenlänge **5,891 km**
- Runden **52**
- Distanz **306,198 km**

www.silverstone-circuit.uk

AUSKÜNFTE

Silverstone Circuits Ltd.
Uk-Northamptonshire NN12 8TN
Tel.: 0044/1327/857271
Fax: 0044/1327/857663
E-Mail: sales@silverstone-circuit.uk

ZEITPLAN

- **Freitag**
  1. Training: 11.00–12.30 h MESZ
  2. Training: 15.00–16.30 h MESZ
- **Samstag**
  3. Training: 11.00–12.00 h MESZ
  Qualifikation: 14.00 h MESZ
- **Sonntag**
  Start F1-GP: 14.00 h MESZ

REKORDE

- **Die meisten WM-Punkte**
  Mark Webber, 92 Punkte 
- **Die meisten Siege**
  Alain Prost, 5
  (1983, 1985, 1989, 1990, 1993)
- **Die meisten Pole-Positions**
  Jim Clark, Nigel Mansell,
  Damon Hill, Fernando Alonso, je 3 
- **Erster Sieger (1950)**
  Nino Farina (Alfa Romeo)
  2:13.23,6 Std = 145,358 km/h
- **Sieger 2013**
  Nico Rosberg (Mercedes)
  1:32.59,456 Std = 197,566 km/h
- **Pole-Position 2013**
  Sebastian Vettel (Red Bull-Renault)
  1.29,607 min = 236,673 km/h 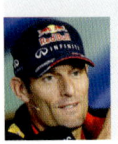
- **Schnellste Runde 2013**
  Mark Webber (Red Bull-Renault)
  1.33,401 min = 227,060 km/h

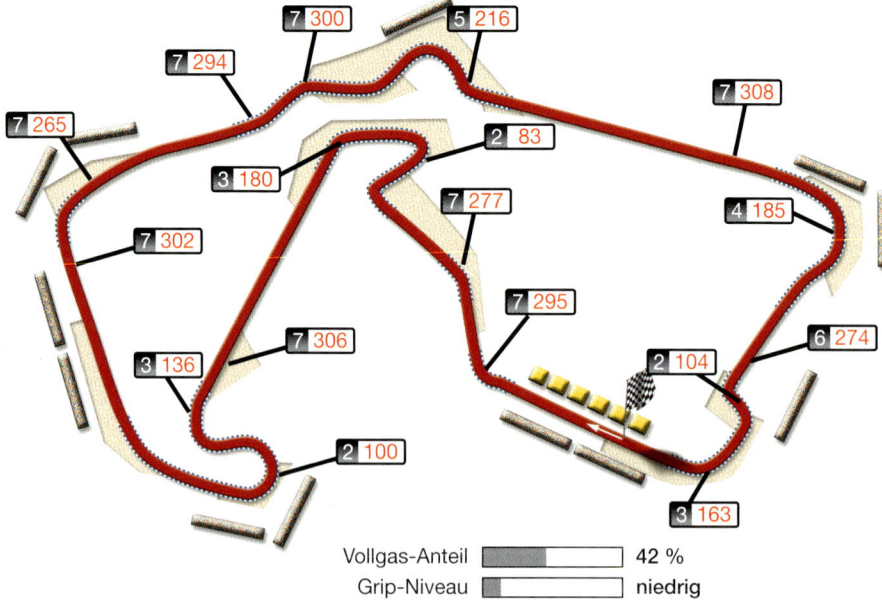

Vollgas-Anteil	42 %
Grip-Niveau	niedrig
Abtriebslevel	hoch (8/10)
Bremsen-Verschleiß	niedrig
Gangwechsel/Runde	48
Benzinverbrauch/Runde	3,2 Liter
Führungswechsel 2013	2
Boxenstopps Sieger 2013	3 Runde 12/34/42
Topspeed Qualifikation 2013	311,8 km/h (Massa)
Topspeed Rennen 2013	311,9 km/h (Massa)
Zuschauer 2013	120 000
Wetter 2013	21 Grad, bewölkt

10 Deutschland
Hockenheim 20. Juli 2014

Alle zwei Jahre ist das Motodrom Schauplatz des GP Deutschland

Deutschland
Frankfurt
GP Hockenheim

STRECKENDATEN
- Streckenlänge **4,574 km**
- Runden **67**
- Distanz **306,458 km**

www.hockenheimring.com

AUSKÜNFTE
Hockenheimring GmbH
Postfach 1106
D-68754 Hockenheim
Tel.: 06205/950222
Fax: 06205/950210
E-Mail: info@hockenheimring.de

ZEITPLAN
▶ **Freitag**
1. Training: 10.00–11.30 h MESZ
2. Training: 14.00–15.30 h MESZ
▶ **Samstag**
3. Training: 11.00–12.00 h MESZ
Qualifikation: 14.00 h MESZ
▶ **Sonntag**
Start F1-GP: 14.00 h MEZ

REKORDE
▶ **Die meisten WM-Punkte**
Michael Schumacher, Fernando Alonso, je 75 Punkte

▶ **Die meisten Siege**
Michael Schumacher, 4 (1995, 2002, 2004, 2006)

▶ **Die meisten Pole-Positions**
Alain Prost, Ayrton Senna, Nigel Mansell je, 3

▶ **Erster Sieger (1970)**
Jochen Rindt (Lotus-Cosworth)
1:42.00,30 Std = 199,40 km/h

▶ **Sieger 2012**
Fernando Alonso (Ferrari)
1:31.05,862 Std = 201,843 km/h

▶ **Pole-Position 2012**
Fernando Alonso (Ferrari)
1.40,621 min = 163,647 km/h

▶ **Schnellste Runde 2012**
Michael Schumacher (Mercedes)
1.18,725 min = 209,163 km/h

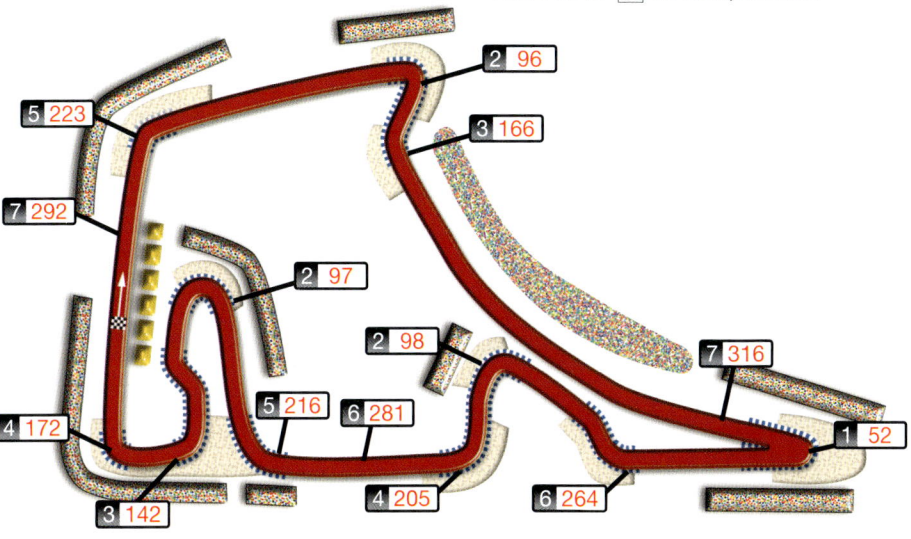

Vollgas-Anteil	69 %
Grip-Niveau	mittel
Abtriebslevel	mittel (7/10)
Bremsen-Verschleiß	mittel
Gangwechsel/Runde	52
Benzinverbrauch/Runde	3,1 Liter
Führungswechsel 2012	2
Boxenstopps Sieger 2012	2 Runde 18/41
Topspeed Qualifikation 2012	318,1 km/h (Vergne)
Topspeed Rennen 2012	319,7 km/h (Vergne)
Zuschauer 2012	62 000
Wetter 2012	23 Grad, bedeckt

11 Ungarn

Budapest 27. Juli 2014

STRECKENDATEN

- Streckenlänge **4,381 km**
- Runden **70**
- Distanz **306,630 km**

www.hungaroring.hu

AUSKÜNFTE

Hungaroring Sport RT.
PF 10
HU-2146 Mogyorod
Tel.: 0036/28/444444
Fax: 0036/28/441880
E-Mail: office@hungaroring.hu

ZEITPLAN

▶ **Freitag**
1. Training: 10.00–11.30 h MESZ
2. Training: 14.00–15.30 h MESZ

▶ **Samstag**
3. Training: 11.00–12.00 h MESZ
Qualifikation: 14.00 h MESZ

▶ **Sonntag**
Start F1-GP: 14.00 h MESZ

REKORDE

▶ **Die meisten WM-Punkte**
Lewis Hamilton, 86 Punkte

▶ **Die meisten Siege**
Michael Schumacher,
Lewis Hamilton, je 4

▶ **Die meisten Pole-Positions**
Michael Schumacher, 7

▶ **Erster Sieger (1986)**
Nelson Piquet (Williams-Honda)
2:00.34,508 Std = 151,804 km/h

▶ **Sieger 2013**
Lewis Hamilton (Mercedes)
1:42.29,445 Std = 179,507 km/h

▶ **Pole-Position 2013**
Lewis Hamilton (Mercedes)
1.19,388 min = 198,665 km/h

▶ **Schnellste Runde 2013**
Mark Webber (Red Bull-Renault)
1.24,069 min = 187,603 km/h

Der GP Ungarn war 2013 das heißeste Rennen des Jahres

Vollgas-Anteil	55 %
Grip-Niveau	niedrig
Abtriebslevel	hoch (10/10)
Bremsen-Verschleiß	mittel
Gangwechsel/Runde	50
Benzinverbrauch/Runde	2,6 Liter
Führungswechsel 2013	8
Boxenstopps Sieger 2013	3 Runde 9/31/50
Topspeed Qualifikation 2013	301,0 km/h (van der Garde)
Topspeed Rennen 2013	305,1 km/h (Rosberg)
Zuschauer 2013	99 000
Wetter 2013	36 Grad, sonnig

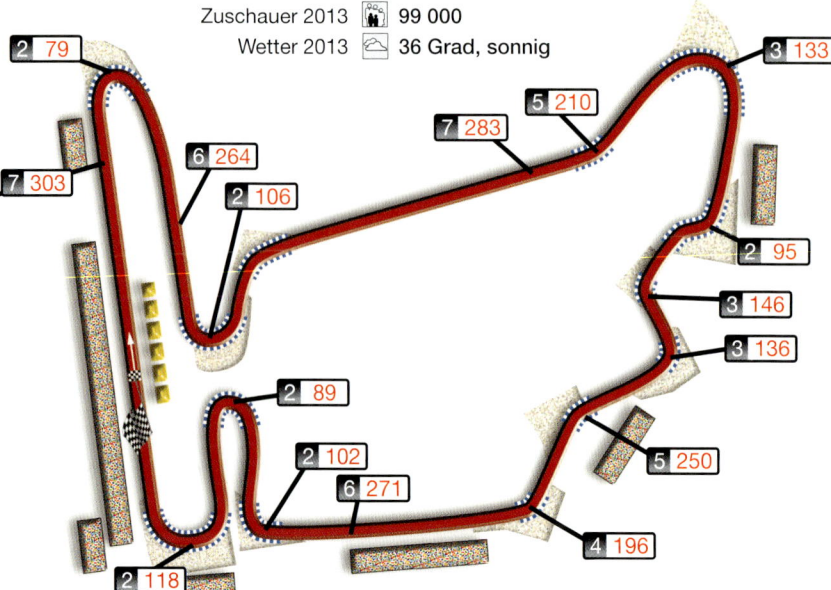

12 Belgien
Spa-Francorchamps 24. August 2014

Spa ist neben Suzuka die letzte große Mutprobe der Formel 1

STRECKENDATEN
- Streckenlänge **7,004 km**
- Runden **44**
- Distanz **308,052 km**

www.spa-francorchamps.be

AUSKÜNFTE
Circuit de Spa-Francorchamps
Route du Circuit, 55
B-4970 Francorchamps
Tel.: 0032/87/275138
Fax: 0032/87/275296
E-Mail: commercial@spa-francorchamps.be

ZEITPLAN
▶ **Freitag**
1. Training: 10.00–11.30 h MESZ
2. Training: 14.00–15.30 h MESZ

▶ **Samstag**
3. Training: 11.00–12.00 h MESZ
Qualifikation: 14.00 h MESZ

▶ **Sonntag**
Start F1-GP: 14.00 h MESZ

REKORDE
▶ **Die meisten WM-Punkte**
Michael Schumacher, 102 Punkte

▶ **Die meisten Siege**
Michael Schumacher, 6
(1992, 1995, 1996, 1997, 2001, 2002)

▶ **Die meisten Pole-Positions**
Juan-Manuel Fangio,
Ayrton Senna, je 4

▶ **Erster Sieger (1950)**
Juan-Manuel Fangio (Alfa Romeo)
2:47.26,0 Std = 177,144 km/h

▶ **Sieger 2013**
Sebastian Vettel (Red Bull-Renault)
1:23.42,196 Std = 220,817 km/h

▶ **Pole-Position 2013**
Lewis Hamilton (Mercedes)
2.01,012 min = 208,363 km/h

▶ **Schnellste Runde 2013**
Sebastian Vettel (Red Bull-Renault)
1.50,756 min = 227,657 km/h

- Vollgas-Anteil: 67 %
- Grip-Niveau: niedrig
- Abtriebslevel: mittel (5/10)
- Bremsen-Verschleiß: niedrig
- Gangwechsel/Runde: 48
- Benzinverbrauch/Runde: 4,2 Liter
- Führungswechsel 2013: 0
- Boxenstopps Sieger 2013: 2 Runde 14/30
- Topspeed Qualifikation 2013: 322,0 km/h (di Resta)
- Topspeed Rennen 2013: 322,2 km/h (Sutil)
- Zuschauer 2013: 65 000
- Wetter 2013: 19 Grad, bedeckt

13 Italien

Monza 7. September 2014

Die emotionalste Siegerehrung des Jahres findet in Monza statt

STRECKENDATEN

- Streckenlänge **5,793 km**
- Runden **53**
- Distanz **306,720 km**

www.monzanet.it

AUSKÜNFTE

Autodromo Nazionale di Monza SpA
Via Vedano, 5
I-20052
Tel.: 0039/039/2482212
Fax: 0039/039/2482407
E-Mail: autodromo@monzanet.it

ZEITPLAN

▶ **Freitag**
1. Training: 10.00–11.30 h MESZ
2. Training: 14.00–15.30 h MESZ

▶ **Samstag**
3. Training: 11.00–12.00 h MESZ
Qualifikation: 14.00 h MESZ

▶ **Sonntag**
Start F1-GP: 14.00 h MESZ

REKORDE

▶ **Die meisten WM-Punkte**
Fernando Alonso, 101 Punkte

▶ **Die meisten Siege**
Michael Schumacher, 5
(1996, 1998, 2000, 2003, 2006)

▶ **Die meisten Pole-Positions**
Juan-Manuel Fangio,
Michael Schumacher, je 5

▶ **Erster Sieger (1950)**
Nino Farina (Alfa Romeo)
2:51.17,4 Std = 176,542 km/h

▶ **Sieger 2013**
Sebastian Vettel (Red Bull-Renault)
1:18.33,352 Std = 234,269 km/h

▶ **Pole-Position 2013**
Sebastian Vettel (Red Bull-Renault)
1.23,755 min = 248,998 km/h

▶ **Schnellste Runde 2013**
Lewis Hamilton (Mercedes)
1.25,849 min = 242,924 km/h

Vollgas-Anteil 75 %
Grip-Niveau niedrig
Abtriebslevel niedrig (2/10)
Bremsen-Verschleiß hoch
Gangwechsel/Runde 44
Benzinverbrauch/Runde 3,3 Liter
Führungswechsel 2013 2
Boxenstopps Sieger 2013 1 Runde 23
Topspeed Qualifikation 2013 340,4 km/h (Räikkönen)
Topspeed Rennen 2013 341,1 km/h (Gutierrez)
Zuschauer 2013 90 000
Wetter 2013 26 Grad, bedeckt

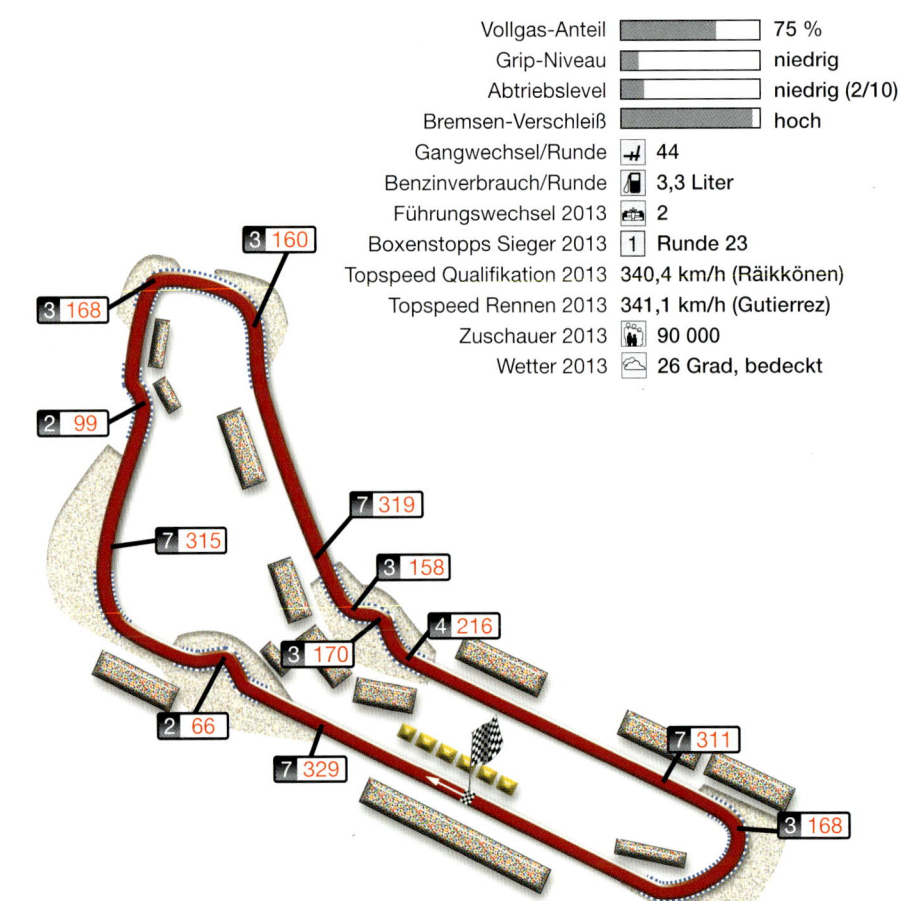

14 Singapur
Marina Bay Circuit 21. September 2014

Das Nachtrennen zählt nach sechs Ausgaben bereits zu den Klassikern

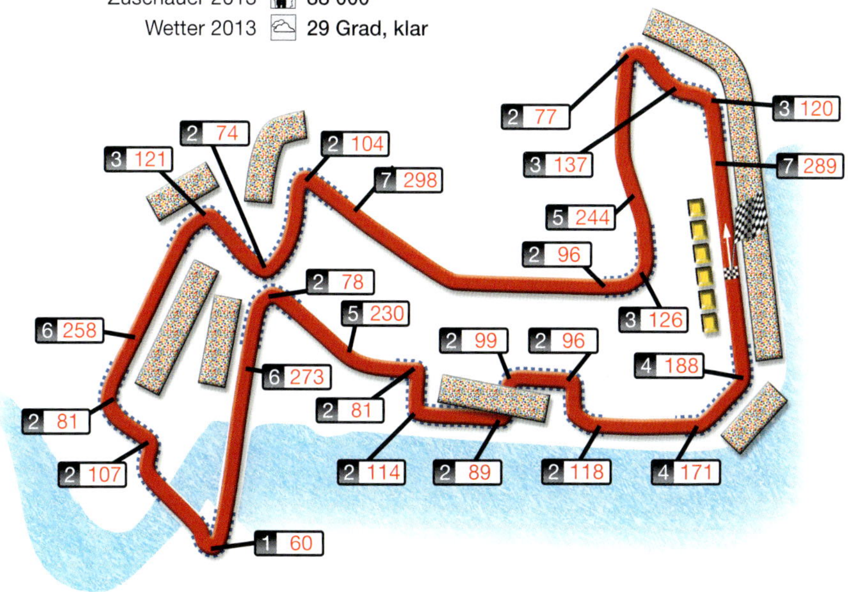

STRECKENDATEN

- Streckenlänge **5,073 km**
- Runden **61**
- Distanz **309,316 km**

www.singaporegp.sg

AUSKÜNFTE

Singapore GP PTE LTD.
HPL House, 50, Cascaden Road
Singapur 249742
Tel.: 0065/67386738
E-Mail: tickets@singaporegp.sg

ZEITPLAN

▶ **Freitag**
1. Training: 12.00–13.30 h MESZ
2. Training: 15.30–17.00 h MESZ

▶ **Samstag**
3. Training: 12.00–13.00 h MESZ
Qualifikation: 15.00 h MESZ

▶ **Sonntag**
Start F1-GP: 14.00 h MESZ

REKORDE

▶ **Die meisten WM-Punkte**
Sebastian Vettel, 102 Punkte

▶ **Die meisten Siege**
Sebastian Vettel, 3
(2011, 2012, 2013)

▶ **Die meisten Pole-Positions**
Lewis Hamilton, Sebastian Vettel, je 2

▶ **Erster Sieger (2008)**
Fernando Alonso (Renault)
1:57.16,579 Std = 157,422 km/h

▶ **Sieger 2013**
Sebastian Vettel (Red Bull-Renault)
1:59.13,132 Std = 155,426 km/h

▶ **Pole-Position 2013**
Sebastian Vettel (Red Bull-Renault)
1.42,841 min = 177,303 km/h

▶ **Schnellste Runde 2013**
Sebastian Vettel (Red Bull-Renault)
1.48,574 min = 167,941 km/h

Vollgas-Anteil	46 %
Grip-Niveau	hoch
Abtriebslevel	hoch (10/10)
Bremsen-Verschleiß	sehr hoch
Gangwechsel/Runde	70
Benzinverbrauch/Runde	3,0 Liter
Führungswechsel 2013	0
Boxenstopps Sieger 2013	2 Runde 17/44
Topspeed Qualifikation 2013	302,4 km/h (Button)
Topspeed Rennen 2013	302,3 km/h (Sutil)
Zuschauer 2013	88 000
Wetter 2013	29 Grad, klar

Formel 1 – Saison 2014

15 Japan

Suzuka 5. Oktober 2014

Die Achterbahn von Suzuka liegt in einem Vergnügungspark

STRECKENDATEN

- Streckenlänge **5,807 km**
- Runden **53**
- Distanz **307,573 km**

www.suzukacircuit.co

AUSKÜNFTE

Suzuka Circuit Motorsports Section
7992 Ino-cho Suzuka City
Mie-ken 510-0295, Japan
Tel.: 0081/593/781111
Fax: 0081/593/784568
E-Mail: smcs@suzukacircuit.co.jp

ZEITPLAN

- **Freitag**
  1. Training: 3.00–4.30 h MESZ
  2. Training: 7.00–8.30 h MESZ
- **Samstag**
  3. Training: 4.00–5.00 h MESZ
  Qualifikation: 7.00 h MESZ
- **Sonntag**
  Start F1-GP: 8.00 h MESZ

REKORDE

- **Die meisten WM-Punkte**
  Sebastian Vettel, 100 Punkte
- **Die meisten Siege**
  Michael Schumacher, 6
  (1995, 1997, 2000, 2001, 2002, 2004)
- **Die meisten Pole-Positions**
  Michael Schumacher, 8 
- **Erster Sieger (1987)**
  Gerhard Berger (Ferrari)
  1:32.58,072 Std = 183,615 km/h
- **Sieger 2013**
  Sebastian Vettel (Red Bull-Renault)
  1:26.49,301 Std = 212,484 km/h
- **Pole-Position 2013**
  Mark Webber (Red Bull-Renault)
  1.30,915 min = 229,942 km/h 
- **Schnellste Runde 2013**
  Mark Webber (Red Bull-Renault)
  1.34,587 min = 221,016 km/h

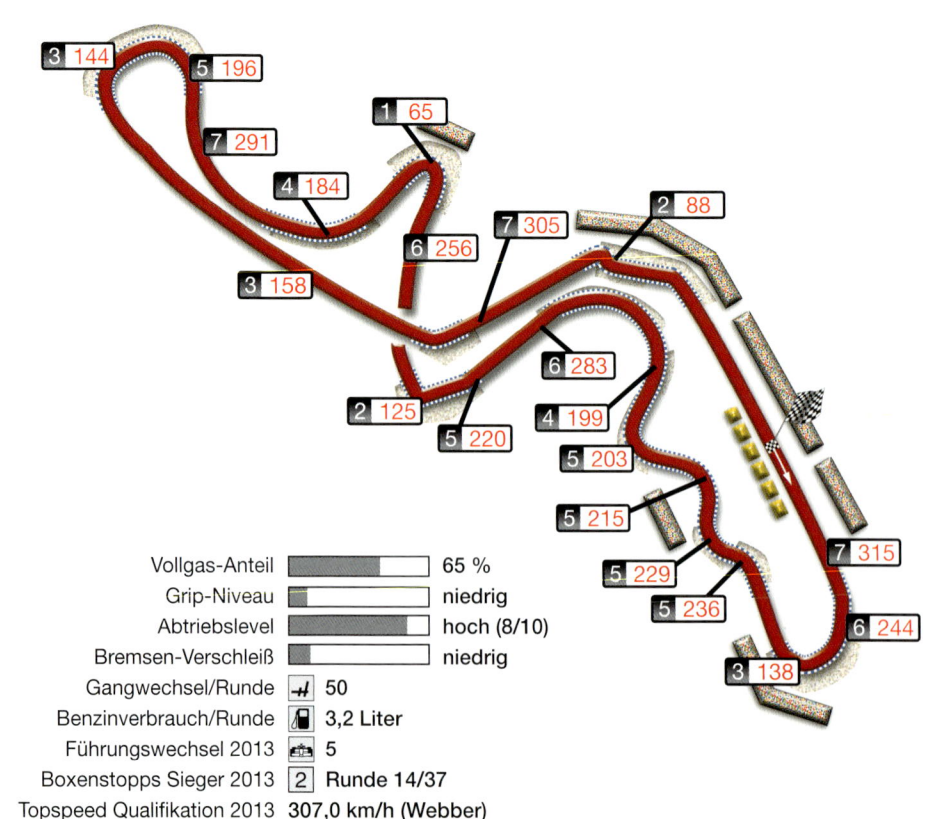

Vollgas-Anteil 65 %
Grip-Niveau niedrig
Abtriebslevel hoch (8/10)
Bremsen-Verschleiß niedrig
Gangwechsel/Runde 50
Benzinverbrauch/Runde 3,2 Liter
Führungswechsel 2013 5
Boxenstopps Sieger 2013 2 Runde 14/37
Topspeed Qualifikation 2013 307,0 km/h (Webber)
Topspeed Rennen 2013 315,2 km/h (Ricciardo)
Zuschauer 2013 86 000
Wetter 2013 25 Grad, sonnig

100

16 Russland

Sochi 12. Oktober 2014

Die Rennstrecke von Sotschi liegt mitten im Olympia-Park

STRECKENDATEN

- Streckenlänge **5,848 km**
- Runden **53**
- Distanz **305,944 km**

www.russiagrandprixtickets.com

AUSKÜNFTE

Formula Sochi
Center Omega, Urizkowo
RUS-354340 Sochi
Tel.: 007-928-2940294
E-Mail: info@formula-sochi.ru

ZEITPLAN

- **Freitag**
  1. Training: 8.00– 9.30 h MESZ
  2. Training: 12.00–13.30 h MESZ
- **Samstag**
  3. Training: 10.00–11.00 h MESZ
  Qualifikation: 13.00 h MESZ
- **Sonntag**
  Start F1-GP: 13.00 h MEZ

HERMANN TILKE ÜBER DIE STRECKE

Baustelle in der Baustelle
„Wir haben 2010 mit dem Bau der Strecke angefangen. Das ist ein kompliziertes Projekt, weil wir eine Baustelle in der Baustelle sind. Drumherum wurde der Olympia-Park gebaut. Deshalb mussten wir von Anfang Dezember bis Ende April eine Pause einlegen. Die ersten zwei Kilometer rund um Start und Ziel werden so bleiben wie sie sind, der Rest wird jedes Jahr wieder neu aufgebaut. Es geht los mit einer 1,2 Kilometer langen Geraden. Dann kommt eine ewig lange Linkskurve, in die mit 150 km/h reingefahren wird. Mit 300 km/h kommen die Autos wieder raus. Da sind die Fahrer gut zehn Sekunden Fliehkräften ausgesetzt. Hart für Nacken und Reifen. Dann geht es in drei Rechtskurven um das Olympia-Stadion herum. Das steht auf einem Sockel. So haben wir rund um das Stadion herum Naturtribünen. Es gibt insgesamt vier Überholstellen"

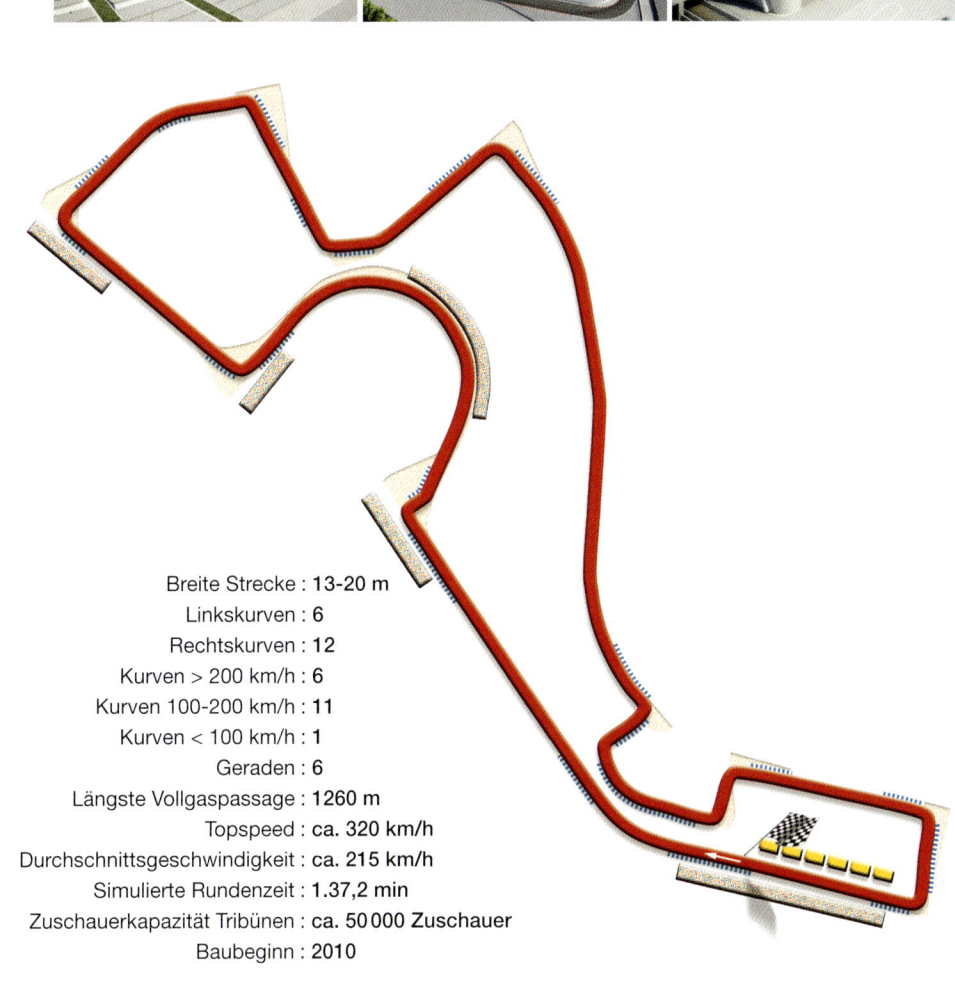

- Breite Strecke : 13-20 m
- Linkskurven : 6
- Rechtskurven : 12
- Kurven > 200 km/h : 6
- Kurven 100-200 km/h : 11
- Kurven < 100 km/h : 1
- Geraden : 6
- Längste Vollgaspassage : 1260 m
- Topspeed : ca. 320 km/h
- Durchschnittsgeschwindigkeit : ca. 215 km/h
- Simulierte Rundenzeit : 1.37,2 min
- Zuschauerkapazität Tribünen : ca. 50 000 Zuschauer
- Baubeginn : 2010

17 USA

Circuit of the Americas 2. November 2014

Austin war auch beim zweiten Grand Prix praktisch ausverkauft

STRECKENDATEN

- Streckenlänge **5,513 km**
- Runden **56**
- Distanz **308,405 km**

www.circuitoftheamericas.com

AUSKÜNFTE

Circuit of the Americas
301 Congress Ave., Suite 220
US-Austin, Texas 78701
Tel.: 001/512/3016600
E-Mail: tickets@circuitoftheamericas.com

ZEITPLAN

▶ **Freitag**
1. Training: 17.00–17.30 h MEZ
2. Training: 21.00–21.30 h MEZ

▶ **Samstag**
3. Training: 17.00–17.00 h MEZ
Qualifikation: 20.00 h MEZ

▶ **Sonntag**
Start F1-GP: 21.00 h MEZ

REKORDE

▶ **Die meisten WM-Punkte**
Sebastian Vettel, 45 Punkte

▶ **Die meisten Siege**
Lewis Hamilton, Sebastian Vettel, je 1

▶ **Die meisten Pole-Positions**
Sebastian Vettel, 2

▶ **Erster Sieger (2012)**
Lewis Hamilton (McLaren-Mercedes)
1:35.55,269 Std = 192,912 km/h

▶ **Sieger 2013**
Sebastian Vettel (Red Bull-Renault)
1:30.03,225 Std = 186,671 km/h

▶ **Pole-Position 2013**
Sebastian Vettel (Red Bull-Renault)
1.36,338 min = 206,124 km/h

▶ **Schnellste Runde 2013**
Sebastian Vettel (Red Bull-Renault)
1.39,856 min = 198,862 km/h

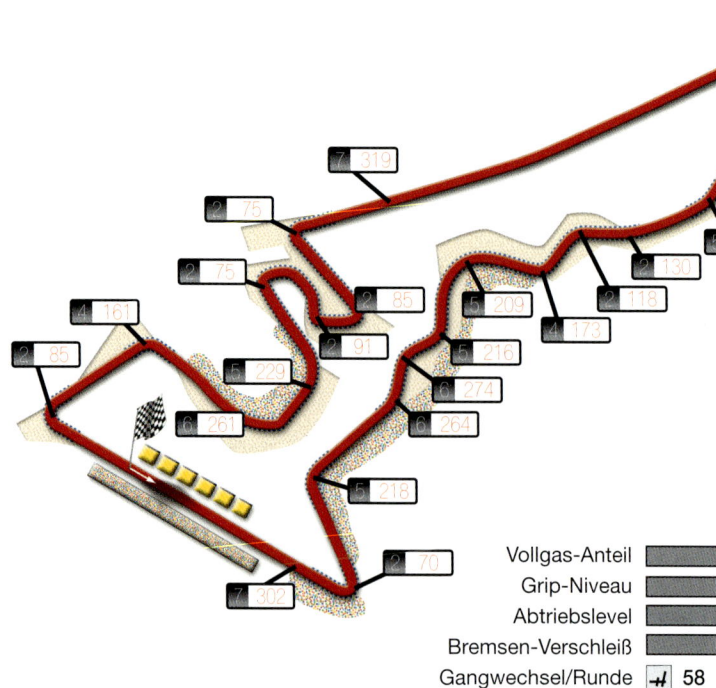

Vollgas-Anteil	60 %
Grip-Niveau	mittel
Abtriebslevel	hoch (8/10)
Bremsen-Verschleiß	mittel
Gangwechsel/Runde	58
Benzinverbrauch/Runde	3,9 Liter
Führungswechsel 2013	2
Boxenstopps Sieger 2013	1 Runde 27
Topspeed Qualifikation 2013	314,3 km/h (di Resta)
Topspeed Rennen 2013	314,9 km/h (Button)
Zuschauer 2013	113 000
Wetter 2013	29 Grad, sonnig

18 Brasilien
Interlagos 9. November 2014

Das unberechenbare Wetter macht Interlagos oft zur Lotterie

STRECKENDATEN

- Streckenlänge **4,309 km**
- Runden **71**
- Distanz **305,909 km**

www.gpbrasil.com.br

AUSKÜNFTE

Autodromo Carlos Pace
Avenida Senator Teutonio, Vilelia 261
BR-Sao Paulo
Tel.: 0055/11/5219911
Fax: 0055/11/2454494
E-Mail: sales@gpbrasil.com

ZEITPLAN

- **Freitag**
  1. Training: 13.00–14.30 h MEZ
  2. Training: 17.00–18.30 h MEZ
- **Samstag**
  3. Training: 14.00–15.00 h MEZ
  Qualifikation: 17.00 h MEZ
- **Sonntag**
  Start F1-GP: 17.00 h MEZ

REKORDE

- **Die meisten WM-Punkte**
  Fernando Alonso, 99 Punkte
- **Die meisten Siege**
  Michael Schumacher, 4
  (1994, 1995, 2000, 2002)
- **Die meisten Pole-Positions**
  Ayrton Senna, Mika Häkkinen,
  Rubens Barrichello, Felipe Massa, je 3
- **Erster Sieger (1973)**
  Emerson Fittipaldi (Lotus-Cosworth)
  1:43.55,60 Std = 183,369 km/h
- **Sieger 2013**
  Sebastian Vettel (Red Bull-Renault)
  1:32.36,300 Std = 198,202 km/h
- **Pole-Position 2013**
  Sebastian Vettel (Red Bull-Renault)
  1.26,479 min = 179,378 km/h
- **Schnellste Runde 2013**
  Mark Webber (Red Bull-Renault)
  1.15,436 min = 205,637 km/h

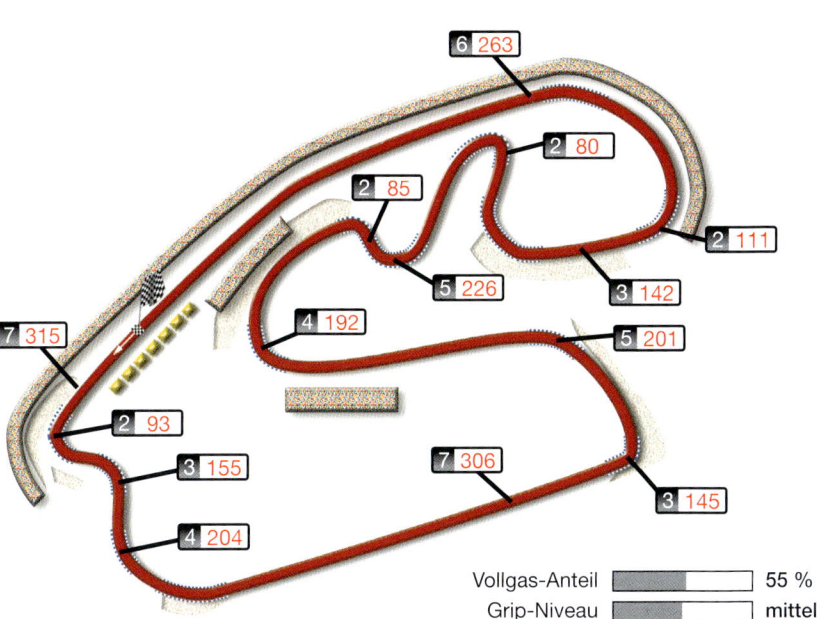

Vollgas-Anteil	55 %
Grip-Niveau	mittel
Abtriebslevel	mittel (7/10)
Bremsen-Verschleiß	niedrig
Gangwechsel/Runde	40
Benzinverbrauch/Runde	2,6 Liter
Führungswechsel 2013	1
Boxenstopps Sieger 2013	Runde 24/47
Topspeed Qualifikation 2013	303,0 km/h (di Resta)
Topspeed Rennen 2013	312,5 km/h (Pérez)
Zuschauer 2013	67 000
Wetter 2013	20 Grad, bedeckt

Formel 1 – Saison 2014

# 19 Abu Dhabi

Yas Marina Circuit 23. November 2014

Der GP Abu Dhabi im Märchenland führt vom Tag in die Nacht

STRECKENDATEN

- Streckenlänge **5,554 km**
- Runden **55**
- Distanz **305,355 km**

www.yasmarina-circuit.ae

AUSKÜNFTE

Yas Marina Circuit
Abu Dhabi Motorsports Management
P.O. Box 130001
Tel.: 00971/4/3662125
E-Mail: info@abudhabigp.com

ZEITPLAN

- **Freitag**
  1. Training: 10.00–11.30 h MEZ
  2. Training: 14.00–15.30 h MEZ
- **Samstag**
  3. Training: 11.00–12.00 h MEZ
  Qualifikation: 14.00 h MEZ
- **Sonntag**
  Start F1-GP: 14.00 h MEZ

REKORDE

- **Die meisten WM-Punkte**
  Sebastian Vettel, 75 Punkte
- **Die meisten Siege**
  Sebastian Vettel, 3
  (2009, 2010, 2013)
- **Die meisten Pole-Positions**
  Sebastian Vettel, 3
- **Erster Sieger (2009)**
  Sebastian Vettel (Red Bull-Renault)
  1:34.03,414 Std = 194,789 km/h
- **Sieger 2013**
  Sebastian Vettel (Red Bull-Renault)
  1:45.58,667 Std = 186,758 km/h
- **Pole-Position 2013**
  Mark Webber (Red Bull-Renault)
  1.40,630 min = 200,010 km/h
- **Schnellste Runde 2013**
  Fernando Alonso (Ferrari)
  1.43,964 min = 193,306 km/h

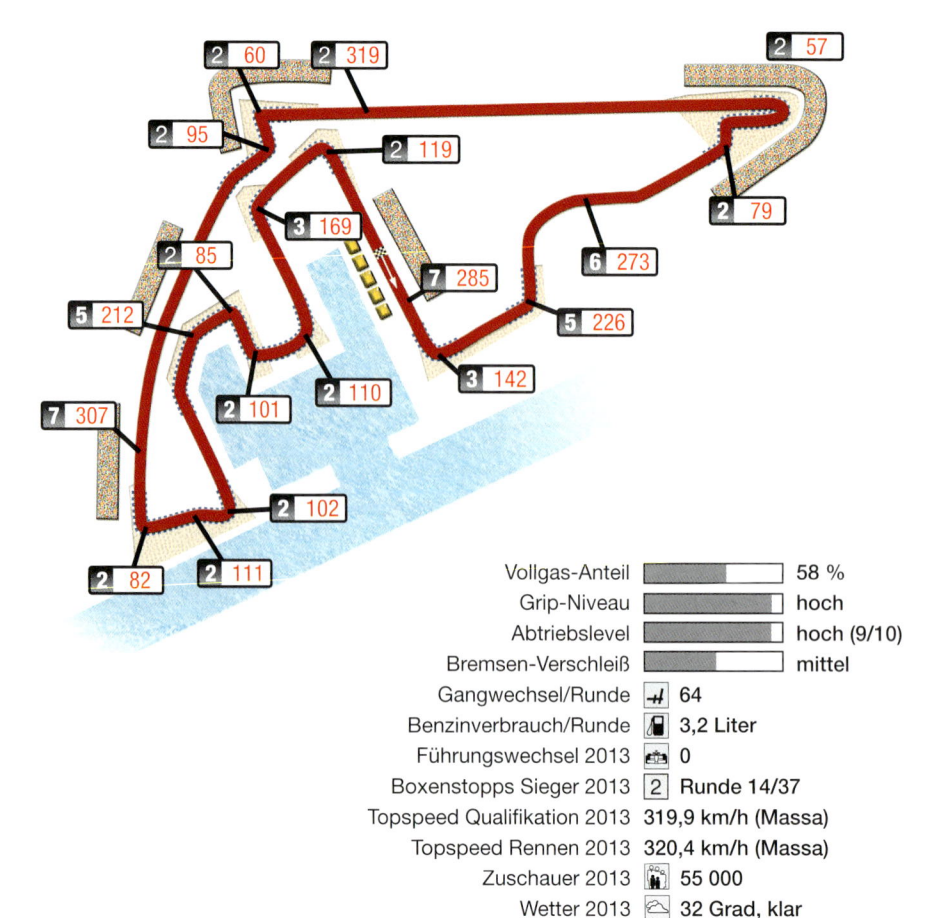

Vollgas-Anteil 58 %
Grip-Niveau hoch
Abtriebslevel hoch (9/10)
Bremsen-Verschleiß mittel
Gangwechsel/Runde 64
Benzinverbrauch/Runde 3,2 Liter
Führungswechsel 2013 0
Boxenstopps Sieger 2013 2 Runde 14/37
Topspeed Qualifikation 2013 319,9 km/h (Massa)
Topspeed Rennen 2013 320,4 km/h (Massa)
Zuschauer 2013 55 000
Wetter 2013 32 Grad, klar

Alle Rennen im Überblick

Die Formel 1 tourt auf 19 Strecken. Monte Carlo ist die kürzeste und langsamste. Die Runde in Spa ist die längste. Monza hält den Speed-Rekord. Die längste Gerade gibt es in Sotschi. Die meisten Kurven hat der Marina Bay Circuit von Singapur. Monza hat die größte Tradition. 2014 gastiert die Formel 1 zum 64. Mal im Autodrom.

Datum	Rennen	Strecke	Distanz	Streckenlänge	Kurven	Längste Gerade	Erster GP	Anzahl GP seit 1950	Startzeit in MESZ
16. März	GP Australien	Melbourne	58 Rdn	5,303 km	16	785 m	1996	19	7.00 h
30. März	GP Malaysia	Sepang	56 Rdn	5,543 km	15	927 m	1999	16	9.00 h
6. April	GP Bahrain	Sakhir	57 Rdn	5,412 km	14	1090 m	2004	10	17.00 h
20. April	GP China	Shanghai	56 Rdn	5,451 km	16	1175 m	2004	11	9.00 h
11. Mai	GP Spanien	Barcelona	66 Rdn	4,655 km	16	1047 m	1991	24	14.00 h
25. Mai	GP Monaco	Monte Carlo	78 Rdn	3,340 km	19	355 m	1950	61	14.00 h
8. Juni	GP Kanada	Montreal	70 Rdn	4,361 km	13	1240 m	1978	35	20.00 h
22. Juni	GP Österreich	Red Bull-Ring	71 Rdn	4,318 km	9	745 m	1970	26	14.00 h
6. Juli	GP England	Silverstone	52 Rdn	5,891 km	18	739 m	1950	48	14.00 h
20. Juli	GP Deutschland	Hockenheimring	67 Rdn	4,574 km	17	570 m	1970	34	14.00 h
27. Juli	GP Ungarn	Budapest	70 Rdn	4,381 km	14	789 m	1986	29	14.00 h
24. August	GP Belgien	Spa-Francorchamps	44 Rdn	7,004 km	19	918 m	1950	47	14.00 h
7. September	GP Italien	Monza	53 Rdn	5,793 km	11	1207 m	1950	64	14.00 h
21. September	GP Singapur	Marina Bay Circuit	61 Rdn	5,073 km	23	520 m	2008	7	14.00 h
5. Oktober	GP Japan	Suzuka	53 Rdn	5,807 km	18	716 m	1987	26	8.00 h
12. Oktober	GP Russland	Sotschi	53 Rdn	5,848 km	19	1260 m	2014	1	13.00 h
2. November	GP USA	Circuit of Americas	56 Rdn	5,513 km	18	995 m	2012	3	21.00 h
9. November	GP Brasilien	Interlagos	71 Rdn	4,309 km	14	1173 m	1973	32	17.00 h
23. November	GP Abu Dhabi	Yas Marina Circuit	55 Rdn	5,554 km	21	1143 m	2009	6	14.00 h

Jerez zählt nicht mehr zum Kalender. Der letzte GP fand dort 1997 statt

Jahr: 1954 • **Fahrer:** Juan-Manuel Fangio • **Auto:** Mercedes W196

Jahr: 1983 • **Fahrer:** Nelson Piquet • **Auto:** Brabham BT52-BMW

Jahr: 1998 • **Fahrer:** David Coulthard • **Auto:** McLaren MP13-Mercedes

Neue Regeln, neue Sieger?

Zum neunten Mal wird das Formel 1-Reglement auf den Kopf gestellt. In sechs Fällen brachte die Reform neue Sieger. Stolpert Red Bull über den Neubeginn der Formel 1?

Um es gleich klar zu stellen: Das ist kein Reglement gegen Red Bull. Auch wenn das in Milton Keynes und Salzburg vielleicht so gesehen wird. Die Regeln für 2014 wurden in ihren Grundfesten bereits geschrieben, da war die Dominanz der Marke mit dem Stier im Emblem noch gar nicht zu erahnen. Historisch betrachtet haben sich die Regeln nie mit dem Ziel geändert, eine Siegesserie zu unterbrechen und einen neuen Sieger zu bekommen. Es ergab sich nur so, dass große Regelreformen die Hackordnung in der Formel 1 zuverlässig durcheinandergebracht haben. In sieben von acht Fällen trat das ein. Nur McLaren wehrte sich 1989 erfolgreich gegen die Unwägbarkeiten des Neubeginns.

Am Anfang war ziemlich viel frei. Nur der Motor war reglementiert. Das technische Reglement für die Formel 1-Autos von 1950 passte auf eine Seite. Heute sind es 88. Und 188 Paragrafen. Schon 1952 musste sich der Weltverband eine Notlösung einfallen lassen. Es gab nicht genügend Formel 1-Autos. Also wurde die Weltmeisterschaft für die Formel 2 ausgeschrieben. Spötter behaupten, die Königsklasse steuert zielstrebig wieder auf dieses Szenario zu. Angesichts der Vielzahl der Teams, die finanzielle Not leiden.

2 Jahr: 1961 • **Fahrer:** Wolfgang Berghe von Trips • **Auto:** Ferrari 156

3 Jahr: 1966 • **Fahrer:** Jack Brabham • **Auto:** Brabham BT20-Repco

5 Jahr: 1989 • **Fahrer:** Ayrton Senna • **Auto:** McLaren MP4-5-Honda

6 Jahr: 1994 • **Fahrer:** Michael Schumacher • **Auto:** Benetton B194-Ford

8 Jahr: 2009 • **Fahrer:** Jenson Button • **Auto:** BrawnGP01-Mercedes

9 Jahr: 2014 • **Fahrer:** Lewis Hamilton • **Auto:** Mercedes AMGW05

① 1954: 2,5 Liter Saugmotor oder 750 ccm mit Kompressor

Der Lancia D50 zählte zu den Ikonen seiner Zeit. Aus ihm wurde später ein Ferrari

Meisterwerk der Motorentechnik: Der Mercedes-Reihenachtzylinder

Im Jahr 1954 kam der GP-Sport mit einem neuen Reglement aus der Depression. Es beschränkte sich hauptsächlich auf den Motor. Der Hubraum des Motors wuchs von zwei auf 2,5 Liter. Das bedingte größere, schwerere und hochgestochenere Autos. Hatte Ferrari die Formel 2-Ära zuvor zu Tode gesiegt, übernahm jetzt Mercedes das Zepter. Als die Schwaben Ende 1955 ausstiegen, kamen wieder Ferrari und Maserati zum Zug. Doch in England begann eine Revolution heranzureifen, die das gesamte Fahrzeugkonzept auf den Kopf stellte. Der Motor wohnte nicht mehr vor, sondern hinter dem Fahrer. Cooper schloss das erste Jahrzehnt des GP-Sports mit zwei WM-Titeln ab. Lotus und B.R.M. zogen nach. Die Platzhirsche aus Italien hatten tief und fest geschlafen und blieben bis zur Selbstaufgabe ihren Frontmotoren treu.

Cooper war dank Mittelmotor der letzte Weltmeister der 2,5 Liter-Ära

Mercedes hatte 1954 und 1955 keine Gegner

1961: 1,3 bis 1,5 Liter Saugmotor, Aufladung verboten, Mindestgewicht 450 kg

Ferrari dominierte 1961, weil die Engländer keine guten Motoren hatten

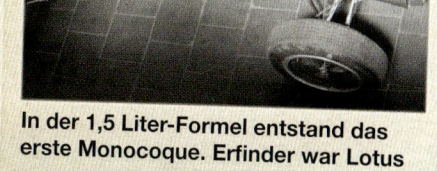

In der 1,5 Liter-Formel entstand das erste Monocoque. Erfinder war Lotus

Ein neues Reglement brachte Ferrari zurück ins Spiel. Die FIA reduzierte für 1961 aus Sicherheitsgründen den Hubraum auf 1,5 Liter und führte erstmals ein Mindestgewicht ein. Die untere Grenze für das Auto komplett mit Motor lag bei 450 Kilogramm. Ferrari hatte für diese Rezeptur vorher fleißig in der Formel 2 geübt. Mit Motor hinter dem Fahrer. Die Engländer stellten sich stur. Sie glaubten bis zuletzt, den Verband davon überzeugen zu können, dass Rennautos mit Schnapsglas-Motoren nicht die Königsklasse sein können. Doch die Funktionäre blieben stur. Lotus, Cooper und B.R.M. waren 1961 nicht bereit, weil es keine geeigneten Motoren gab. Erst Ende 1961 tauchten Coventry Climax und B.R.M. mit Achtzylinder-Motoren auf, die dem Ferrari V6 ebenbürtig waren. Dann schlugen B.R.M. und Lotus zu.

Graham Hill im B.R.M. löste 1962 Ferrari als Champion ab

Jim Clark und die Lotus-Baureihen 25 und 33 waren fast unschlagbar

3

1966: 3,0 Liter Saugmotor oder 1,5 Liter mit Turbolader, Mindestgewicht 500 kg

Die Dreiliter-Formel brachte eine Vielzahl an Motorentypen: V8, V12, H16

Brabham dominierte 1966 und 1967. Für Jim Clark kam der Lotus 49 zu spät

Die 1,5 Liter-Formel wurde auf fünf Jahre festgeschrieben. Lotus entwickelte sich dank des Erfindergeistes von Colin Chapman zur dominierenden Marke. Zwei Jahre vor Ablauf entschloss sich die FIA, ab 1966 wieder zu größeren Motoren zurückzukehren. Das Mindestgewicht stieg auf 500 Kilogramm. Man versprach sich von der Einführung von Dreiliter-Triebwerken ein reges Interesse der Autokonzerne. Doch die zeigten mit Ausnahme von Honda und später Ford der Formel 1 die kalte Schulter. 1966 herrschte akute Motorenknappheit. Private Hersteller wie Repco, Weslake, Serenissima gesellten sich zu Ferrari, B.R.M. und Maserati. Jack Brabham hatte den richtigen Riecher. Er ahnte, dass die Weltmeisterschaft über Zuverlässigkeit und Fahrbarkeit und nicht über die Motorleistung entschieden werden würde, und gab bei der australischen Firma Repco einen V8 in Auftrag, der alle diese Anforderungen erfüllte. Die nächsten zwei Weltmeister saßen in einem Brabham. Erst der Chef selbst, dann sein treuer Diener Denis Hulme. Lotus kehrte erst wieder an die Spitze zurück, als Ford bei Cosworth für 100 000 Pfund einen Achtzylinder bauen ließ, der sich zum erfolgreichsten Kundenmotor aller Zeiten aufschwang. 18 Jahre lang wurde unter diesen Rahmenbedingungen gefahren. Doch im Laufe der Zeit wurde das Regelwerk immer dicker. Die Chassis-Ingenieure mussten immer wieder eingebremst werden. Bis die Suche nach Rundenzeit in den so genannten Schürzenautos ausuferte. Das ganze Auto war ein Flügel. Die Seitenkästen wurden mit beweglichen Schürzen abgedichtet, die hin und wieder hängenblieben, was dann für ein böses Erwachen sorgte. Die FIA drohte mit einem Verbot. Darüber entbrannte ein Krieg. Die Engländer betrachteten den Chassisbau als ihr Hoheitsgebiet. Und ihr Faustpfand gegen eine Offensive der Autokonzerne.

Die Dreiliter-Formel galt auch noch 1975. Lauda und Ferrari siegten

Cosworth beherrschte die Ära. Auch im Lotus 72 von Rindt

4
1983: Flacher Unterboden, Verbot seitlicher Schürzen, Heckflügelbreite 100 cm, Mindestgewicht 540 kg

Piquet holte 1983 auf einem kuriosen Auto den Titel. Ein Brabham in Pfeilform

Schluss mit Schürzen. Ab 1983 war der Unterboden flach

Das, was die Regelhüter einst im Auge hatten, trat mit eineinhalb Jahrzehnten Verspätung ein. Renault stürzte sich als erster Hersteller in das Abenteuer Turbo-Motor mit halbem Hubraum. Der war seit 1966 erlaubt, doch keiner gab ihm eine Chance. Die ersten Versuche von Renault wurden belächelt. Ein Bild prägte sich ein: Das gelbe Auto mit Feuer und Rauch im Heck. Doch die Franzosen lernten schnell hinzu, und spätestens 1981 sah jeder ein, dass die Zukunft dem Turbo gehörte. Jedes Jahr stiegen die Leistungsdaten um 150 PS. Das machte den Teams Angst, die keinen Turbo-Motor hatten. Ende 1982 schob die FIA den immer schneller werdenden Autos einen Riegel vor. Schürzen mussten verschwinden. Dazu kamen ein flacher Unterboden, ein zehn Zentimeter höherer Heckflügel, ein schmalerer Frontflügel und eine Gewichtsreduktion um 40 Kilogramm. Das brachte eine nie gesehene Vielzahl an Fahrzeug-Konzepten ans Licht. Es gab Autos in der Form eines Pfeils, welche mit zwei Heckflügeln, mit langen und mit kurzen Seitenkästen. Das Pfeil-Konzept gewann.

1982 gewann Williams die Weltmeisterschaft noch einmal mit einem Saugmotor. Aber nur, weil die Turbo-Raketen immer noch zu oft kaputtgingen und Ferrari von einer grausamen Unfallserie betroffen wurde. Gilles Villeneuve starb. Didier Pironi musste mit schweren Beinverletzungen seine Karriere beenden. 1983 wendete sich das Blatt. BMW wurde mit Brabham erster Turbo-Weltmeister. Dann rüsteten Porsche und Honda die Sieger aus. Die Formel 1 wurde zur Motorenformel. Das Triebwerk war der wichtigste Baustein im Paket. Und die FIA hatte immer mehr Mühe, den PS-Zuwachs einzudämmen. Man verkleinerte die Benzinmenge auf 220, 195 und 150 Liter und begrenzte den Ladedruck mittels eines Pop-off-Valves auf 4,0 und 2,5 bar.

Die neue Aero-Regel brachte skurile Autos hervor

Der McLaren MP4-4 war das erfolgreichste Auto seiner Generation

Formel 1 – Saison 2014 111

5

1989: 3,5 Liter Saugmotoren, maximal 12 Zylinder, Verbot von Turboaufladung, Gasturbinen und Wankelmotoren

McLaren hielt die Regelreform nicht vom Gewinnen ab. Senna siegte weiter

Die neue Saugmotor-Formel war die Geburtsstunde der Zehnzylinder

Für die nächste Reform musste wieder das Argument Seriennähe herhalten. Der Turbo-Motor hatte auf der Straße nicht annähernd den Erfolg wie auf der Rennstrecke. Also wieder zurück zu Saugmotoren mit stattlichen 3,5 Liter Hubraum. Alles bis zwölf Zylinder war erlaubt. Nur keine Zwangsbeatmung. An den Autos änderte sich lediglich die Cockpitgröße. Die Szene atmete auf. McLaren-Honda hatte die Formel 1 1988 fast zu Tode gesiegt. 15 von 16 Mal stand ein McLaren-Fahrer auf dem obersten Podest. Unter dem Motto „Hautsache anders" hoffte man auf neue Gegner für die englisch-japanische Co-Produktion. Ferrari, Williams und sogar Benetton gewannen tatsächlich wieder Rennen, aber McLaren blieb bis 1991 unschlagbar. Weil Honda auch die kräftigsten Saugmotoren baute.

Ferrari erfand 1989 das halbautomatische Getriebe

Der Williams FW15 von 1993 war ein Computer-Monster

112

6
1994: Verbot von elektronischen Fahrhilfen, stufenlosen Kraftübertragungen, Tankstopps erlaubt

Der Williams FW16B mit passiver Aufhängung war ein heikles Auto

Das aktive Fahrwerk war passé. Damit änderte sich auch die Aerodynamik

Erst als es Honda mit seinem 12 Zylinder-Experiment zu bunt trieb und Renault mit seinem pragmatischen 10-Zylinder-Ansatz ein zuverlässiges Paket für Williams bereitstellte, als McLaren die aerodynamische und elektronische Entwicklung verschlief und Williams genau dort dank Adrian Newey in neue Dimensionen vorstieß, war ein neuer Klassenprimus gefunden. Bis die FIA auf Druck von Ferrari 1994 sämtliche elektronischen Fahrhilfen wie aktives Fahrwerk, Vierradlenkung, ABS oder Traktionskontrolle verbot. Mit gefährlichen Folgen. Die Autos wurden nun nicht mehr wie von Geisterhand in der aerodynamisch günstigsten Position gehalten. Wer die Aerodynamik wie Williams zu spitz auslegte, bezahlte mit Strömungsabriss und unberechenbarem Fahrverhalten. Es kam zu einer Serie von schweren Unfällen mit Imola als tragischem Höhepunkt. Nach dem Tod von Ayrton Senna und Roland Ratzenberger ließ FIA-Präsident Max Mosley die Autos über Nacht abrüsten. Unter dem Boden gab es eine ein Zentimeter hohe und 50 Zentimeter breite Stufe, der Diffusor wurde beschnitten, das Mindestgewicht um zehn Kilogramm angehoben. Ein Jahr darauf stutzte Mosley die Motoren von 3,5 auf drei Liter Hubraum.

Benetton übernahm das Zepter von Williams

Ferrari brauchte auch mit Schumacher vier Jahre bis zum Titel

7

1998: Fahrzeugbreite max. 180 cm, Rillenreifen, Radbreite max. 38,1 cm

Rillenreifen lösten Slicks ab. Erst gab es drei, dann vier Rillen

Der McLaren von 1998 war 20 Zentimeter schmaler als sein Vorgänger

Das Pendel schlug um. Von Williams-Renault zu Benetton-Ford und Michael Schumacher. Aber nur für zwei Jahre. 1986 und 1987 übernahm Williams wieder das Zepter. Das Wettrüsten ging weiter.

1998 führte FIA-Präsident Max Mosley die vermeintliche Allzweckwaffe gegen immer schnellere Rundenzeiten ein. Er verordnete den Autos Rillenreifen, reduzierte die Fahrzeugbreite von 200 auf 180 Zentimeter und beschränkte die Radbreite auf 38,1 Zentimeter. Die Autos wurden nicht wirklich langsamer, aber dafür auch nicht schneller. Mosley sah sich bestätigt, fügte 1999 den drei Rillen auf den Vorderreifen eine vierte hinzu. Adrian Newey interpretierte das neue Reglement am besten. Er streckte den Radstand und speckte sein Auto konsequent ab, um mit bis zu 80 Kilogramm Ballast den Schwerpunkt auf den eines Go-Karts abzusenken. Das war die richtige Antwort auf die schmaleren Autos und den Gripverlust von den Reifen. Ferrari brauchte drei Jahre, um gleichzuziehen. Williams war abgemeldet. Das Reglement hatte elf Jahre lang Bestand. Mit zwischenzeitlichen Regelanpassungen. 2,4 Liter V8-Motoren lösten 2006 die Zehnzylinder ab. Die Leistung sank von 950 auf 750 PS. 2005 mussten die Reifen für eine Saison eine Renndistanz durchstehen. Erst dominierte McLaren, dann Ferrari, dann Renault und am Ende der Ära wieder McLaren. Adrian Newey hatte in der Zwischenzeit die Fronten gewechselt. Er arbeitete seit 2006 für Red Bull. Dort konnte er zunächst keine Zeichen setzen. Alle waren nach der langen Zeit der Stabilität an der Grenze angelangt. Verbesserung gab es nur noch im Detail.

Flügel, wohin man schaut. McLaren zeigte die extremsten Auswüchse

Ferrari holte in dieser Ära fünf Titel mit Schumacher

8

2009: Frontflügelbreite 180 cm, Heckflügelbreite 75 cm, Diffusorhöhe 12,5 cm, Slicks, Hybridantrieb (Kers) erlaubt

BrawnGP führte das Erbe von Honda fort und wurde auf Anhieb Weltmeister

Erst ein neues Sportgesetz sollte Newey wieder eine Chance geben. Die Frontflügel wuchsen um 40 Zentimeter in die Breite, die Heckflügelbreite schrumpfte um 25 Zentimeter, und der Diffusor wurde kastriert. Sämtliche Aufbauten auf der Verkleidung mussten verschwinden. Wieder hatte Newey die Regeln am besten gelesen. Er verpasste dem Red Bull einen Maßanzug, der hinten so schmal und so niedrig wie möglich baute, um das untere Heckflügelelement besser anzuströmen und der Diffusoroberfläche mehr Platz zu spendieren.

Seine Tricks wie die hohe Nase, die Pullrod-Aufhängung hinten und später der Auspuff als Aerodynamikhilfe wurden vielfach kopiert. Auch von Ferrari, McLaren und Renault, die von den Gejagten zu Jägern wurden. Dazu gab es mit Kers eine neue Antriebsquelle. Ein Elektromotor durfte 6,7 Sekunden pro Runde 82 PS beisteuern. Kers war in der ersten Saison kein Matchwinner. Eher ein Handikap. Es kostete Gewicht, Platz und beeinträchtigte das Fahrverhalten. Deshalb spielte die Aerodynamik die entscheidende Rolle. Vorteil Newey.

Die Frontflügel wurden um 40 Zentimeter breiter. Der Mittelteil war genormt

BrawnGP löste McLaren und Ferrari als Dauersieger ab

Nach einem Jahr Anlauf wurde Red Bull die neue Macht im Sport

⑨
2014: 1,6 Liter V6-Turbo, Hybridantrieb (MGU-K, MGU-H) Vorschrift, max. 100 kg Sprit pro Rennen, Frontflügelbreite 165 cm, Heckflügel 2 Elemente

Die neuen Autos sind keine Schönheiten. Mercedes macht noch die beste Figur

Ab 2011 brauchte man Kers, um an der Spitze mitzuhalten. Ab 2014 wird man ohne Hybridantrieb nicht fahren können. Er speist sich aus kinetischer (MGU-K) und thermischer Energie (MGU-H). Die Elektro-Power liefert nicht nur 33 Sekunden pro Runde 160 PS, sondern man braucht sie auch, um den V6-Turbo fahrbar zu machen und mit 100 Kilogramm Benzin über eine Renndistanz zu kommen. Wegen der komplexen Technik wird Zuverlässigkeit zu einer Trumpfkarte. Der Antriebsstrang wird aufgewertet. Er steht auf einer Stufe mit der weiter eingeschränkten Aerodynamik. Und das genau ist die Chance der Red Bull-Gegner, den Newey-Faktor aufzubrechen.

Power Unit statt Motor. Die Einheit kann bis zu 860 PS abgeben

Am Sauber C333 ist gut das zentrale Auspuffendrohr zu sehen

Force Indias Ameisenbär: Antwort auf die tiefen Nasen

Von der Zigarre zur Rakete:
64 Jahre Technik-Evolution am Beispiel von Ferrari

Ferrari 1950

Ferrari trat 1950 mit dem Typ 125c an. Eine Zigarre auf Rädern mit Zwölfzylinder-Motor, der bis zu 350 PS abgab

Ferrari 2014

Der Ferrari F14T von 2014 folgt dem Diktat der Aerodynamik. Der V6-Turbo leistet mit Elektromotor bis zu 860 PS

Die Mindestgewichte der Formel 1

Am Anfang war alles frei. Mit der 1,5 Liter-Formel kam das Mindestgewicht. Zuerst 450 Kilogramm. Es stieg zunächst stetig an, bis auf 585 Kilogramm, um dann wieder auf 500 Kilogramm abzustürzen. Ohne Fahrer. Man hatte kapiert, dass Masse bei einem Unfall ein Risikofaktor ist. Seit 1995 wird der Fahrer mitgewogen. Und seit dieser Zeit werden die Autos immer schwerer. Wegen der Crash-Strukturen, TV-Kameras, Verboten exotischer Materialien und zuletzt der Elektromotoren.

Zeitraum	Gewicht
1950-1960	keine Gewichtsbeschränkung
1961-1965	450 kg
1966-1969	500 kg
1970-1971	530 kg
1972	550 kg
1973-1980	575 kg
1981	585 kg
1982	580 kg
1983-1986	540 kg
1987-1988	540 kg (Turbo-Motoren), 500 kg (Saugmotoren)
1989-1993	500 kg
1994	505 kg, 515 kg (ab GP Kanada)
1995	595 kg inkl. Fahrer
1996	600 kg inkl. Fahrer
1997-2009	605 kg inkl. Fahrer und TV-Kamera
2010	620 kg inkl. Fahrer und TV-Kamera
2011-2012	640 kg inkl. Fahrer und TV-Kamera
2013	642 kg inkl. Fahrer und TV-Kamera
2014	691 kg inkl. Fahrer und TV-Kamera

Die Motorenformeln der Formel 1

In 65 Jahren Formel 1 gab es alle Arten von Motoren. Mit und ohne Kompressor. Mit und ohne Turbolader. Von 1,5 bis 4,5 Liter Hubraum. Vier Zylinder in Reihe, V6, V18, V10, V12, ja sogar einen H16. Eine Zeitlang waren sogar Gasturbinen und Wankelmotoren erlaubt. 1971 probierte Lotus eine Gasturbine aus, scheiterte aber am schlechten Ansprechverhalten. Seit 2009 schieben auch Elektromotoren mit an. 2014 sogar zwei in Verbindung mit einem V6-Turbo. Sie speisen sich aus kinetischer und thermischer Energie.

Zeitraum	Reformen
1950-1951	4,5 Liter Saugmotor oder 1,5 Liter mit Kompressor
1952-1953	2,0 Liter Saugmotor oder 500 ccm mit Kompressor
1954-1960	2,5 Liter Saugmotor oder 750 ccm mit Kompressor
1961-1965	1,3 bis 1,5 Liter Saugmotor, Aufladung verboten
1966-1985	3,0 Liter Saugmotor oder 1,5 Liter mit Turbolader (1984-1985 max. 220 Liter Benzin)
1986	1,5 Liter mit Turbolader, Saugmotoren verboten (max. 195 Liter Benzin)
1987-1988	3,5 Liter Saugmotor oder 1,5 Liter mit Turbolader (1987 max. 195 Liter Benzin, 1988 max. 150 Liter Benzin)
1989-1994	3,5 Liter Saugmotor, max. 12 Zylinder
1995-2005	3,0 Liter Saugmotor (ab 2000 max. 10 Zylinder)
2006-2013	2,4 Liter V8-Saugmotor (2009 und ab 2011 mit MGU-K)
ab 2014	1,6 Liter V6-Turbomotor mit MGU-K und MGU-H

So fährt sich der Sieger

Fahrspaß pur: Der Audi RS5 DTM zeigt sich gut ausbalanciert und hat eine tolle Traktion

typ

auto motor und sport-Redakteur Bernd Ostmann fuhr den DTM-Sieger der Saison 2013: unterwegs im Phoenix-Audi RS5 von Mike Rockenfeller.

Herbststimmung in Misano bei Rimini. Aber das Grau in Grau stört überhaupt nicht. Wer den Audi RS5 als DTM-Sieger der Saison 2013 fahren darf, der hat eher das Gefühl, ein extrem frühes Weihnachtsgeschenk zu bekommen. Fertig angegurtet, bin ich praktisch fest mit dem 460 PS starken Renner verbunden. Auch das kleine Lenkrad wurde schon aufgesteckt. Mechaniker bringen die Räder mit den Heizdecken. Parallel zum Hämmern der Schlagschrauber schraubt sich auch mein Puls nach oben.

Ein Ruck geht durch den Audi. Die Mechaniker haben das Auto abgelassen. Die Türen – papierdünne Carbonteile – werden eingehängt und verriegelt. Renningenieur Jürgen Jungklaus steht vor mir zwischen Box und Rennstrecke. Er gibt das Startsignal. Das Prozedere: Hauptschalter auf der Mittelkonsole umlegen. Den Zug-Kipp-Schalter für die Zündung auf Scharf. Dann den Starterknopf am Lenkrad gedrückt. Etwas Gas. Und der Achtzylinder im Bug meldet sich infernalisch zum Dienst. Kupplung treten. Den Neutralknopf rechts am Lenkrad drücken und gleichzeitig die rechte Schaltwippe ziehen. Ein metallisches Klack, und ein Ruck geht durch den Wagen. Im Display erscheint statt des N die

Bitte, pass auf: Fahrer Ostmann mit Ingenieur Jungklaus (Mitte) und Rockenfeller

Konzentration vor der Probefahrt: Ostmann im Truck des Phoenix-Teams

Keine Experimente: Der Klappflügel steht in der Normalposition

Eins. Das Kupplungspedal weit durchtreten. Aber Mike Rockenfeller, der neue DTM-Champion, beruhigt: „Die Kupplung brauchst du ohnehin nur zum Anfahren."

Wäre da nicht die gewaltige Geräuschkulisse, man könnte meinen, man sitze in einem Serienauto: keine Machodrehzahlen, kein Geruckele, einfach smooth. Beeindruckend. Wir rollen aus der Boxengasse. Noch ein prüfender Druck aufs Bremspedal. Dann geht es los. Im Hinterkopf habe ich die warnenden Worte von Audi-Rennleiter Wolfgang Ullrich: „Beim Hochschalten am Gas bleiben, beim Runterschalten vom Gas. Sonst wird das Getriebe ruiniert." Also beschleunigen, bis die Leuchtdioden am oberen Rand des Displays von Grün über Gelb in Richtung Rot aufblitzen. Im roten Bereich liegen bei 7400 Touren 460 PS an.

„Misano ist eine ideale Strecke für Testfahrten", erklärt Rockenfeller. „Eine Motorradstrecke mit flachen Curbs und asphaltierten Auslaufzonen. Da kann man problemlos ans Limit gehen."

Losfahren wie mit dem Serienauto
Der Meister-Audi zeigt sich schon auf den ersten Metern von seiner Schokoladenseite: gut in der Balance, mit scheinbar

TECHNISCHE DATEN

KAROSSERIE
Länge x Breite x Höhe 5010 x 1950 x 1150 mm, Mindestgewicht 1110 kg (mit Fahrer).

FAHRWERK
Einzelradaufhängung vorn und hinten mit Doppelquerlenkern, über Pushrod-System (Druckstangen) betätigte Federbeine, innenbelüftete Kohlefaser-Bremsscheiben vorn und hinten.

MOTOR/KRAFTÜBERTRAGUNG
Achtzylinder-V-Motor, Hubraum 4000 cm^3, Leistung 340 kW (460 PS), max. Drehmoment über 500 Nm. Hinterradantrieb, sequenzielles Sechsganggetriebe.

unendlich viel Grip. In den Wechselkurven nach Start und Ziel beißt sich der Audi förmlich in den Asphalt. Nach einer Doppelrechts und einer Links im Dritten strömt der Audi über eine Gerade in Richtung einer Zweiter-Gang-Links. „Hier kannst du mal die Bremse problemlos testen", ermuntert Rockenfeller den Gast im RS5.

Den Kurveneingang im Visier, die Auslaufzone im Hinterkopf, trete ich mit aller Gewalt gegen das mittlere Pedal. Vorn krallen sich die Bremsbeläge in innenbelüftete Carbonscheiben mit 380 Millimeter Durchmesser, hinten bremst der Audi mit Scheiben im 340-Millimeter-Format. Die Verzögerung ist dramatisch – Leuchtdioden blitzen kurz auf. Das heißt: Räder blockieren. Rechts neben dem Lenkrad sitzt ein Flügelrad, an dem man die Bremsbalance zwischen Vorder- und Hinterachse feinjustieren kann. Zu spät.

Der Audi springt, wirkt nervös
Die Verzögerung ist extrem. Rockenfeller hat sich noch entschuldigt, dass Audi nur einen Sitz für diese Testfahrt habe – der

Heiß gemacht: Die auf 80 Grad vorgewärmten Hankook-Reifen werden montiert

Alles im Blick: Lenkrad, Display und Bremskraftverstellung (rechts)

Und wie war's? Ostmann mit Audi-Sportchef Ullrich und Jungklaus

Erfolgsgeheimnisse des RS5: die gute aerodynamische Balance

sicher nicht optimal passen dürfte. Recht hat er. Trotz Sechspunktgurten rutsche ich im Sitz nach unten. Ich berapple mich. Denn schon lauert die nächste Misano-Prüfung: eine ultraschnelle Rechts. Rockenfeller: „Spätestens in der zweiten Runde fährst du die problemlos voll." Von wegen. Ich bremse zunächst nicht nur, ich schalte zurück. Dann gehe ich nur noch respektvoll vom Gas. Und schließlich reiße ich mich zusammen, und ich baue nicht nur die flachen Curbs, sondern den danebenliegenden Teppich in die Ideallinie ein. Der Audi springt, wirkt nervös. Dabei hat Rockenfeller das Auto nach den Warm-up-Runden extra etwas höherstellen lassen.

Was ist das Erfolgsrezept der Meisterpaarung Audi RS5 und Mike Rockenfeller? Es ist auf der einen Seite die optimale aerodynamische Balance und zum anderen der Grip, den der Audi aufzubauen vermag. Dazu gehören natürlich die Reifen von Hankook. Einheitsreifen. Alle fahren mit derselben Ware. Der richtige Reifendruck und der Gripaufbau sind das Geheimnis. Es geht beim Reifendruck um Zehntel, ja sogar um Hundertstel, wie Jungklaus versichert. Zumindest stellt er beim Kaltreifen den Luftdruck aufs Hundertstel genau ein. Und noch eines unterscheidet den Champion vom Rest des Feldes: „Rocky kann mit den Optionsreifen richtig umgehen", verrät der Renningenieur. „Er weiß, wie hart er ihn rannehmen

> „In der zweiten Runde fährst du die schnelle Rechts problemlos voll"
> Mike Rockenfeller

kann – und wie er ihn schonen muss." Eine feine Kunst, denn der Optionsreifen darf im Training nicht gefahren werden, sondern nur im Rennen.

Heckflügel kann man flachstellen

Ich bin fast am Ende der Runde, da kommt der Funkspruch: „Probier mal die Flügelverstellung aus." In der DTM konnte in diesem Jahr auf den Geraden der Flügel zum Überholen flachgestellt werden. Über einen Hebel links oben am Lenkrad kann der Pilot diese aerodynamische Hilfe aktivieren. Verstellt wird der Flügel über einen Druckluft-Kompressor, der auch für die Schaltung zuständig ist. Am Ende einer langen Gerade soll ein Plus von bis zu sieben Kilometer pro Stunde an Endgeschwindigkeit anstehen. Ein Überschuss, der eigentlich zum Überholen reichen sollte. Aber ganz ehrlich: Ich habe im Cockpit nicht gerade das Gefühl, dass sich wirklich etwas Gravierendes ändert, aber in der DTM kommt es beim Kampf um Sieg oder Niederlage aufs kleinste Detail an.

Hier wird aus Kostengründen mit vielen Gleichteilen gefahren. Die Motoren sind praktisch gleich stark, die Getriebe identisch. Ebenso das Kohlefaser-Chassis, die Crashboxen rundum, die Stoßdämpfer und natürlich die Bremsen. Und die Felder, in denen man sich Vorsprung verschaffen kann? Das sind die Balance, der optimale Umgang mit den Einheitsreifen und die Aerodynamik. Gesucht wird der beste Kompromiss zwischen Abtrieb und Luftwiderstand. Und dazu braucht man einen Fahrer, der das umsetzen kann.

Mike Rockenfeller hat es in dieser Saison am besten verstanden. Jetzt ist er im Meisterschafts-Stress, hetzt von Veranstaltung zu Veranstaltung. In Misano ist er leicht erkältet. „Bei den Terminen kann man das einfach nicht auskurieren", erklärt der Champion. Als Warm-up für seinen Meisterschafts-Audi durfte er nur zwei schnelle Runden drehen. „Leider", erklärt Rockenfeller, „sonst könnte ich dir die Schaltpunkte und die Feinheiten der Strecke noch etwas präziser beschreiben." Selbst eine lange, aufreibende DTM-Saison und eine nicht auskurierte Erkältung können eines nicht schmälern: den Fahrspaß in einem DTM-Auto. Für mich war es wirklich wie eine viel zu frühe Weihnachtsbescherung.

Rockenfeller relaxt. Die Titelentscheidung ist gefallen, der Druck ist weg

ZUR PERSON
MIKE ROCKENFELLER

Fünf Wochen vor seinem 30. Geburtstag am 31. Oktober machte der im rheinland-pfälzischen Neuwied geborene Mike Rockenfeller seinen ersten Titelgewinn in der DTM perfekt. Seine Karriere begann im Kart. Über die Formel König kam er zu Porsche. Nach dem Gewinn des Carrera-Cups 2004 rückte er in den Porsche-Werksfahrer-Kader auf. Seit 2007 steht der Deutsche in Audi-Diensten. Die ersten vier Jahre musste er mit meist chancenlosen Vorjahresautos vorliebnehmen. Bis 2012 war er auch in das Sportwagen-Programm eingebunden. Seine größten Erfolge im Audi-Sportwagen: der Meistertitel in der Le-Mans-Serie 2008 (mit Alexandre Prémat) und 2010 der Sieg bei den 24 Stunden von Le Mans mit Timo Bernhard und Romain Dumas. Im Juni 2011 kam er an gleicher Stelle bei einem schweren Unfall mit leichten Verletzungen davon.

Im Land des Lächelns

Die Fernsehzuschauer kennen den neuen DTM-Champion Mike Rockenfeller als Sonnyboy vom Dienst. Doch der 29-Jährige aus Neuwied kann viel mehr als tüchtig Gas geben und ausdauernd lächeln.

Druck? „Ha", sagen Rennfahrer meist, wenn sich die Journalisten-Schar nach dem psychischen Status des jeweiligen PS-Helden erkundigt. „Druck? Hab ich nicht. Kenn ich nicht." Auch Mike Rockenfeller ist da keine Ausnahme. Doch als die Entscheidung im DTM-Titelrennen näher rückte, wurde auch der rheinische Gemütsmensch sichtlich unlockerer. Natürlich wollte er sich dies keinesfalls anmerken lassen. Und so lächelte Rockenfeller noch ein bisschen mehr als sonst, als könne man die eigene Erwartungshaltung minimieren, wenn man sein positives Denken nur besonders plakativ demonstriert.

Schrecksekunde am Start

Doch als er dann in Zandvoort beim vorletzten Rennen des Jahres den ersten Matchball hat, geht es ums Haar schief. „Frühstart!", beschweren sich die Konkurrenten von BMW, nachdem der gelbe Audi scheinbar allzu hurtig losbrauste. Die Schiedsrichter des DMSB studierten intensiv die Videos und kamen dann zum Schluss: „Kein Frühstart." Rockenfeller fährt routiniert auf Platz zwei und holt den Titel.

Einen Tag später sitzt der frischgebackene Champion zuhause auf dem Kanapee. Spitzbübisch grinsend räumt er ein: „Der Start, das war schon knapp. Natürlich sagten alle: Klar, der Druck. Aber das war's nicht. Ich war ganz ruhig. In meinen sieben Jahren DTM habe ich keinen einzigen Frühstart fabriziert. Aber irgendwann wird die Kupplung heiß, und die Ampel steht immer noch auf Rot. Und dann macht die Kupplung quasi automatisch zu. Es ist praktisch unmöglich, das Auto zu halten, obwohl man voll auf der Bremse steht." Die Alternative? „Abwürgen."

Viele DTM-Fahrer leben auf der Sonnenseite des Lebens. Im Falle Mike Rockenfeller ist dies die Südseite des Bodensees. Sein Eigenheim steht in der kleinen schweizerischen Gemeinde mit dem martialischen Namen Landschlacht.

Kann man den Druck weglächeln? Rockenfeller zögert keine Sekunde mit der Antwort: „Damals konnte ich es ja schlecht sagen. Aber in der Qualifikation von Zandvoort spürte ich den Druck. Prompt habe ich im Training zwei, drei kleine Fehler gemacht. Es lief nicht rund, und ich kam bei den einzelnen Quali-Segmenten immer nur ganz knapp weiter."

Tags darauf, bei der Zieldurchfahrt: „Da fiel eine Last von meinen Schultern. Ich dachte an meine Anfangszeit in der DTM und wie lange ich kämpfen musste, bis ich diese Chance bekam. Vier Jahre lang war ich in der DTM ja meist nur dazu da, das Feld aufzufüllen." Mit den Vorjahresautos kämpfte er wacker, aber meist auf verlorenem Posten. Ein Podiumsbesuch wie in Oschersleben 2007, als „Rocky" überraschend als Dritter ins Ziel kam, war die Ausnahme, nicht die Regel.

Keine Sentimentalitäten

Mit ein paar Tagen Abstand zum Titelgewinn sind die Sentimentalitäten abgehakt.

Meister-Audi RS5: „Das Setup passte immer zu mindestens 95 Prozent"

Idylle am Wasser. Rockenfeller lebt mit Freundin Susanne am Bodensee

Pflichtaufgabe: Daten-Studium beim Phoenix-Team mit Ingenieur Jungklaus

Zeit für die Analyse. Rockenfeller ist keiner von jenen, die eigene Erfolge kleinreden. „Die DTM ist die am schwierigsten zu gewinnende Meisterschaft – zumindest in Europa. So viele Profis gibt es sonst nirgends, kein einziger Paydriver, dazu drei Tophersteller, die Topmaterial bringen." Rockenfellers Zusammenfassung: „Das Niveau ist so hoch. Und wir haben gewonnen. Darauf bin ich stolz."

Stellt sich die Frage: Wie verschafft man sich in diesem – aus Sicht des Fahrers gesehen – unwirtlichen Umfeld die entscheidenden Vorteile? „Das Fahrwerks-Setup macht den Unterschied", sagt Rockenfeller. „Wir haben die Testfahrten vor der Saison gut genutzt. Wir waren uns sicher, dass wir eine Fahrwerksabstimmung haben, die immer zu mindestens 95 Prozent gepasst hat. Und wir haben den Optionsreifen von Hankook auf Anhieb gut verstanden."

Bloß keine Experimente

Dazu muss man wissen, dass die DTM-Fahrer in diesem Jahr wegen der aus Kostengründen halbierten Trainingszeit kaum noch Zeit für große Experimente hatten. „In den 90 Minuten des freien Trainings kann man höchstens zwei kleine Dinge ausprobieren", sagt der Champion. „Der Rest der Zeit geht drauf, das Auto in die Balance zu bringen." Der DTM-Titel ist nicht Rockenfellers erster großer Triumph. 2010 zum

> **„ Ich brauche keinen Mentalcoach. Wenn's anders wäre, würde ich es sagen "**
> Mike Rockenfeller

Beispiel gewann er die 24 Stunden von Le Mans. Pointiert, detailreich und oft auch witzig, vor allem jedoch reflektiert erzählt Rockenfeller aus seinem schnellen Berufsleben. Von den Kartjahren und von der Zeit im Porsche Supercup, den er 2004 gewann. Von seinen umsichtigen Lehrmeistern: dem ehemaligen Mercedes-Werksfahrer Jörg van Ommen, in dessen Kartserie – die hervorragend organisiert war und absolute Chancengleichheit bot – er seine motorsportliche Kindergartenzeit absolvierte.

Von Porsche-Urgestein Helmut Greiner, der ihn bei Porsche behutsam an die Profikarriere heranführte. Oder vom brummigen Porsche-US-Statthalter Alwin Springer, der den Jungen aus Deutschland so begrüßte: „Wenn du was kaputt machst, kannste gleich wieder heimfliegen."

Rockenfeller machte nichts kaputt – und dies öffnete ihm 2007 die Tür zu Audi. Ein Doppelprogramm wurde eingetütet. DTM im Vorjahresauto, Le Mans im Werksteam. Bei den Tourenwagen lief es anfangs prächtig: Platz drei in Oschersleben, als bester Audi hinter zwei Mercedes. Doch fünf Wochen später der Tiefschlag. Totalschaden mit dem Audi R10 TDI in Le Mans. „In meinem ersten Stint, in der zweiten Runde. In meinem ersten wichtigen Rennen für Audi. Die ganze Motorsportwelt schaute zu: Was macht der Neue? Da war ich der Vollidiot. Am liebsten wäre ich gar nicht mehr zur Box zurückgekommen. Logisch, dass ich den Stempel weghatte. Das sagt dir zwar keiner ins Gesicht. Aber du spürst es."

In diesen Tagen fürchtete Rockenfeller um seine Karriere: „Klar, ich hatte einen Vertrag. Aber trotzdem kann man rausgeschmissen werden." Doch Audi-Sportchef Wolfgang Ullrich hielt zu dem damals erst 25-jährigen Unglücksraben. „Dafür bin ich immer noch super dankbar", sagt Rockenfeller heute und schaut dabei so, als könne er es immer noch nicht recht glauben, dass sein Boss ihm so großzügig – und weitblickend – verzieh.

Horrorcrash in Le Mans

2011 machte Rockenfeller erneut Schlagzeilen in Le Mans. Diesmal mit einem unverschuldeten Unfall. In der Nacht kollidierte er bei Tempo 300 auf der Geraden mit dem Ferrari eines US-Börsenmaklers, der plötzlich die Spur wechselte. Der Audi R18

2007 begann Rockenfellers DTM-Karriere

TDI zerbröselte förmlich, aber die Sicherheitszelle hielt dem gewaltigen Aufprall stand. Rockenfeller kam mit einer Gehirnerschütterung davon. „Da geht dir gar nichts durch den Kopf. In zwei Sekunden ist alles vorbei. Du kriegst keine Luft mehr. Es tat mega weh, aber sonst ist meine Erinnerung etwas verschwommen."

Rockenfeller gehört zu denen, die solche dunklen Momente ohne die Hilfe eines Seelenklempners aufarbeiten. „Ich habe keinen Mentalcoach", beteuert er und schiebt treuherzig nach: „Ich würde es sagen, wenn's anders wäre." Bei den Rennen wohnt er im Wohnmobil. Und zwar nicht etwa in einem jener fahrbaren Sultans-Paläste, wie sie etwa die Ex-DTM-Piloten Ralf Schumacher und David Coulthard benutzten, sondern in einem unauffälligen Camper der Mittelklasse auf Fiat Ducato-Basis.

Seine langjährige Freundin Susanne kommt nur in ganz seltenen Ausnahmefällen zu den Rennen mit. „Ich glaube an meine eigene Stärke", sagt er. „Vor den Rennen versuche ich, mich voll zu konzentrieren. Da kann ich nicht an die Freundin oder an die Oma denken. Das lenkt alles nur ab. Das Wichtigste ist: Immer locker bleiben." Und schließlich fügt er noch hinzu, natürlich mit einem verbindlichen Lächeln: „Ich weiß auch – die perfekte Runde gibt es nicht. Es gibt immer etwas zu verbessern."

Sieg für Audi bei den 24 Stunden von Le Mans 2010: Rocky, Bernhard und Dumas

Der Must

In der Asphalt-Konfiguration kauert der Polo tief auf der Straße. Die 18-Zoll-Räder schaffen Platz für eine große Bremsanlage

Cape Canaveral liegt heute in der niedersächsischen Tiefebene, auf dem riesigen Erprobungsgelände von Volkswagen in Ehra-Lessien, wo die Prüfstrecken so schöne Namen tragen wie „Verschärfter Kurs", „Kachelstrecke" oder „Schnellbahn". Natürlich werden in Norddeutschland keine Raketen vom Typ Atlas oder Saturn abgefeuert. (Dafür wäre ja, historisch gesehen, auch eher das in Mecklenburg-Vorpommern gelegene Peenemünde zuständig.) Ehra-Lessien dient an diesem Tag als Testgelände für das Weltmeisterauto in der Rallye-WM, den Polo WRC. Und gewissermaßen auch als Abschussrampe für den Polo – beim Beschleunigungstest.

Für den Polo WRC ist an diesem trüben Novembertag die Handlingstrecke reserviert. Doch die knapp 400 Meter lange Gerade auf dem sonst so winkligen Kurs genügt, um die raketenähnliche Beschleunigung des kompakten Rallyeautos voll auszukosten. Wer hurtig vom Start wegkommen will, muss dem Polo WRC zunächst mal mitteilen, dass es jetzt gleich um die Wurst geht. VW-Testfahrer Dieter Depping, der Deutsche Rallyemeister von 1994, 1996 und 1997, erklärt vom Beifahrersitz aus, welche Schritte nötig sind:
1. Motormapping mit dem Drehknopf am Lenkrad auf Stufe 3, 4 oder 5 einstellen. So wird das ALS (Anti-Lag-System) aktiviert. Der 1600er-Turbo setzt Gaspedal-Befehle dann absolut verzögerungsfrei in Vortrieb um, weil der Turbolader im ALS-Betrieb stets den vollen Ladedruck bereitstellt. Der digitale Drehzahlmesser zeigt nach wie vor 2000 Umdrehungen. Aber der Sound bekommt nun ein dumpf-grollendes Timbre.

erknabe

Exklusiv: Als weltweit einzige Zeitschrift durfte auto motor und sport im VW Polo WRC Platz nehmen. Probefahrt im 315 PS starken Kraftwürfel, der 2013 die Rallyewelt aufgemischt hat.

2. Kupplung treten und den ersten Gang einlegen. Das Getriebe quittiert dies mit einem unternehmungslustigen Scheppern.
3. Den Drehkopf „Rev-Limiter" auf der linken Lenkradspeiche so lange drehen, bis die Ziffer 6000 im Display erscheint.
4. Handbremse ziehen.
5. Vollgas! Der Motor heult auf und schnattert mit 6000 Umdrehungen am Begrenzer.
6. Kupplung schnalzen lassen. Und nicht vergessen: Handbremse loslassen!

Das Dragster-Spektakel kann beginnen: Der 1600er-Turbomotor brüllt aus Leibeskräften. Trotz des hart abgestimmten Asphalt-Fahrwerks geht das Heck ein bisschen in die Knie. Für ein paar Augenblicke drehen alle vier Räder auf der feuchten Piste durch. Dann stürmt der Polo WRC davon wie ein raketengetriebener Usain Bolt.

Die Gänge des extrem eng gestuften Sechsgang-Getriebes müssen praktisch im Zehntelsekundentakt nachgeladen werden. Die Gangsprünge betragen nur 600 bis 800 Umdrehungen. Kein Problem, denn hochgeschaltet wird unter Volllast, und zwar ohne Kupplung. Die Gänge flutschen präzise. Der Schalthebel verlangt aber nach entschlossenem Zupacken. Wer dies nicht beachtet, riskiert Zahnausfall. Der spätestmögliche Schaltzeitpunkt ist leicht zu erkennen. Bei rund 8000 Umdrehungen verfärbt sich das oben auf der Lenksäule platzierte Display blutrot.

„3,9 Sekunden braucht der Polo von null auf hundert", sagt Motorenchef Donatus Wichelhaus. „Dafür benötigt er gerade mal

Formel 1 – Saison 2014 **129**

Auf Verbindungsetappen reisen die Helme im Fond in einer Nylon-Hängematte mit

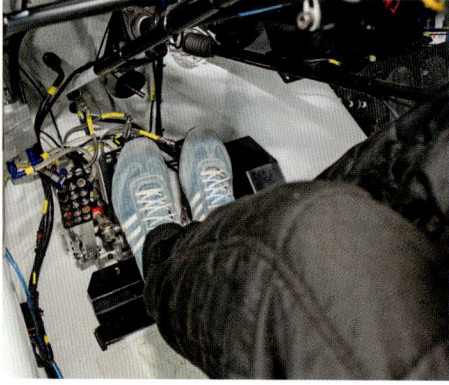

In einem WRC wird mit links gebremst. Die Kupplung braucht man nur zum Anfahren

Der Doppel-Heckflügel stabilisiert die Flugeigenschaften. Wichtig in Finnland und Schweden

> Die schmierigfeuchte Fahrbahn führt dazu, dass der Gasfuß des Gasts im Polo-Cockpit in einer 170 km/h-Kurve plötzlich hasenfüßig zuckt

90 Meter." Aber auch jenseits der Landstraßen-Limits geht es im Polo WRC höchst druckvoll voran. Schneller jedenfalls, als man es angesichts der Daten – 315 PS bei 1200 Kilo Leergewicht – vermuten würde. Rund vier Kilo pro PS – das schafft auch ein serienmäßiger Porsche 911 S.

Aber in puncto Längsdynamik bleiben kaum Wünsche offen. Wobei man natürlich anmerken muss, dass der Polo-Motor locker doppelt so viel leisten könnte, würde ihm nicht ein Air-Restrictor mit 33 Millimetern Durchmesser einen Großteil der Atemluft rauben. Zusätzliche Drosselung für den Direkteinspritzer: Das Reglement begrenzt den Ladedruck auf 2,5 bar.

Auf der Geraden kommt auch der sechste Gang zum Einsatz. Nicht ganz ausgedreht, denn der Polo-Debütant hinter dem Wildleder-Volant leidet angesichts einer kleinen Kurve sowie der schmierigen Piste plötzlich unter einem hasenfüßig zuckenden Gasfuß.

So liegen am Bremspunkt also nur rund 160 km/h an. Scharfes Bremsen vor der 90-Grad-Linkskurve. Oha, beinahe zu spät. Die Vorderräder blockieren kurz. Also: Pedaldruck etwas reduzieren. Gleichzeitig flink runterschalten in den zweiten Gang. Weil das ohne Kupplung funktioniert, kann man mit dem linken Fuß bremsen. Sehr praktisch. Okay, das Tempo passt. Na ja, nicht ganz. Ein bisschen zu schnell. Der Polo schiebt leicht über die Vorderräder.

VW-Testfahrer Dieter Depping auf dem Beifahrersitz lässt sich nicht anmerken, dass er diese Art, eine Kurve zu nehmen, bestenfalls für mittelprächtig hält. Er sagt nichts. Der dreimalige Deutsche Rallyemeister ist eben ein wahrer Gentleman der PS-Branche. Später erklärt er den Fahrstil von Weltmeister Ogier: „'Seb' zupft kurz vor dem Kurveneingang ganz leicht an der Handbremse, nur ganz kurz. Damit bringt er das Heck in die gewünschte Richtung. Und er kann ganz früh wieder aufs Gas gehen."

Der Gast im Polo WRC tröstet sich mit der Erkenntnis, dass selbst ein Jahrhunderttalent wie Ogier zu seiner Anfangszeit wohl etwas mehr als eine halbe Stunde benötigte, um solche Tricks zu erlernen – und sie auch auf den allerschmalsten Pisten fehlerfrei zu reproduzieren.

TECHNISCHE DATEN

KAROSSERIE
Zweisitziges World Rallye Car (WRC), Stahlkarosserie, verstärkt mit Sicherheitskäfig. Länge x Breite x Höhe 3976 x 1820 x 1356 mm, Radstand 2480 mm, Mindestgewicht 1200 kg.

FAHRWERK
Einzelradaufhängung vorn und hinten mit McPherson-Federbeinen und Querlenkern, Stabilisator vorne und hinten, innenbelüftete Scheibenbremsen vorne und hinten, Scheibendurchmesser an der Vorderachse 355 mm (Asphalt), 300 mm (Schotter), Felgen 8 x 18 Zoll (Asphalt), 7 x 15 Zoll (Schotter).

KRAFTÜBERTRAGUNG
Allradantrieb, Lamellensperrdifferenziale vorne und hinten, starrer Durchtrieb zwischen Vorder- und Hinterachse mit Trennkupplung, Sechsgang-Schaltgetriebe (sequenziell).

MOTOR
Vierzylinder-Reihenmotor mit Turbolader (Garrett-Einheitsbauteil) und Ladeluftkühler, Ladedruck max. 2,5 bar, Anti-Lag-System (ALS), Benzindirekteinspritzung, Air-Restrictor 33 mm Durchmesser, Hubraum 1600 cm³, 315 PS bei 6000/min, maximales Drehmoment 415 Nm bei 5000/min, Katalysator.

Der zierliche 1600er-Turbomotor versteckt sich hinter dem riesigen Ladeluftkühler

> „Nur 90 Meter nach dem Start ist der Polo WRC bereits 100 km/h schnell. Beeindruckend"

Zumal die aktuelle Generation der World Rally Cars auf Befehl der Regelmacher der FIA mit simpler, geradezu archaischer Technik auskommen muss, was den Allradantrieb angeht. So sind an Vorder- und Hinterachse nur noch mechanische Differenziale zulässig, und ein Mitteldifferenzial ist sogar kategorisch verboten. Aus dem starren Durchtrieb resultiert speziell in engen Kurven naturgemäß krasses Untersteuern, sofern der Fahrer nicht entschlossen dagegenhält.

Vor wenigen Jahren noch waren die 4WD-Systeme der World Rally Cars elektrohydraulisch gesteuert. Damals konnte man praktisch auf Knopfdruck jedes gewünschte Fahrverhalten realisieren. So betrachtet, ist das rasche Fahren in einem WRC jetzt deutlich anspruchsvoller geworden.

Bei der Optik jedoch punktet die neue Generation der World Rally Cars. Egal ob Fiesta, DS3 oder eben Polo: Das WRC-Gewand macht aus den braven Basismodellen richtige Wuchtbrummen. Mächtige Verbreiterungen, gierige Kühlluftschlunde und stramm ausgefüllte Radhäuser – keine Frage, der kompakte Polo-Kraftwürfel macht optisch ordentlich was her.

Wegen seines unstillbaren Siegeshungers und wegen der Unbarmherzigkeit, mit der er seine Gegner niederkämpfte, verdiente sich der Radrennfahrer Eddy Merckx einst den Spitznamen „Der Kannibale". Dieser Ehrentitel würde auch bestens zu Sébastien Ogier und seinem weltmeisterlichen Arbeitsgerät, dem Polo WRC, passen. Zehn Siege bei 13 WM-Stelldicheins, davon neun durch Ogier und Beifahrer Julien Ingrassia, dazu beide WM-Titel abgeräumt: Mehr kann man wohl kaum erreichen – schon gar nicht in einer Debütsaison. Für die so erfolgsverwöhnte Citroën-Truppe, zuletzt fünfmal in Folge Marken-Weltmeister, blieben bloß die Krümel, die beim großen VW-Festmahl vom Tisch fielen.

Volkswagen-Motorsport legte 2013 in der WM einen wahren Raketenstart hin. Und wenn nicht alles täuscht, war es gleichzeitig die Initialzündung für eine neue Ära in der WM: die Vorherrschaft von VW in der Rallye-Welt. Sie könnte sehr lange andauern.

2013 kam Sébastien Ogier aus dem Feiern gar nicht heraus. Gleich neun Mal durfte er den Siegerpokal busseln

Endlich König

Es gibt gute Fahrer, sehr gute und ausgezeichnete. Und dann gibt es ab und zu einen, der steht noch eine Stufe höher, so einer ist Sébastien Ogier. Der VW-Werksfahrer hat sich in nur einem Jahr zum uneingeschränkten Herrscher der Rallye-Szene entwickelt.

Man musste kein Genie sein, um dieses Talent zu erkennen. Wie Sébastien Loeb, mit neun WM-Titeln in Folge der erfolgreichste Automobil-Sportler der Geschichte, hatte sein junger Namensvetter Sébastien Ogier den Nachwuchswettbewerb Rallye Jeunes gewonnen, wie Loeb holte er zwei Jahre später im Durchmarsch die Junioren-WM.

Bei seinem ersten Auftritt im World Rally Car unter den Weltbesten flog er in den Wald, davor lag er in Führung. Nach einem Jahr im Citroën-Junior-Team feierte er seinen ersten Sieg, kurz danach war er Werksfahrer. Nach zwei Jahren rüttelte er am Thron des absoluten Herrschers Loeb. Der oberste PSA-Chef verhängte Stallorder zugunsten des Monarchen. Es kam zum Krach, und am Ende feuerte der designierte Nachfolger das Prinzendiadem in die Ecke und ging. Er wollte nicht mehr warten auf die Krone. Ogier unterschrieb bei VW, testete ein volles Jahr lang den neuen Polo, fuhr im Skoda Fabia in der zweiten Liga der WM um Achtungserfolge. Es war seine bisher schwerste Entscheidung.

Vorbild Senna

Er sagt, er sei erwachsener geworden in diesem Jahr ohne Schlagabtausch. Dass er lernte, dass es nicht genügt, nur im Auto ein Profi zu sein. Sein Vorbild ist der dreifache Formel-1-Weltmeister Ayrton Senna. Wenn er sein Smartphone aktiviert, leuchtet ihm das Bild des Brasilianers im McLaren entgegen. Sennas Motto „Fahren in Perfektion" hat er auch zu seinem gemacht. Um ein besserer Profi zu sein und leichter mit Ingenieuren oder auch den Medien umgehen zu können, hat er sein Englisch aufpoliert. Manchmal, wenn er über eine Frage nachdenkt, wiegt er den Oberkörper hin und her wie ein Boxer, der Schläge auspendelt. Immer auf der Hut, immer konzentriert und doch viel entspannter als in früheren Jahren. Er ist angekommen. Sein Lächeln ist breiter geworden.

Er hat nicht mehr das Gefühl, Zweiter in der Rangfolge zu sein. Überhaupt gehört das nicht zu seinem Selbstverständnis. „Ich fahre nicht, um Zweiter zu werden", sagt er. Allerdings gehörte zum Reifeprozess auch mehr Geduld. Wer ein Jahr kampflos zusehen muss, wie der Erzrivale wieder mal mit größter Leichtigkeit zum Titel spaziert, der dreht entweder durch oder er lernt zu warten.

Ogier geht seine Rallyes nicht mehr mit dem Ziel an, ständig der Schnellste zu sein, und das muss er auch gar nicht. Sein Grundtempo ist schon so hoch, dass andere Risiken eingehen müssen, um ihm zu folgen. Wenn sie das tun, setzt er kleine Nadelstiche. Nur wenn sie ihm davonzufahren drohen, schlägt er zu.

Husarenritt im Elsass

Am letzten Tag der Rallye Frankreich haderten alle mit feuchten Pisten und vor allem mit dem Nebel. Ogier hatte den ersten Tag verschlafen, am zweiten seinen Rhythmus gefunden, an diesem dritten Tag begann er mit einer Bestzeit, die den Siegkandidaten Latvala und Sordo mit einem Schlag jedes Selbstvertrauen nahm. Es war dieselbe Methode, mit der Sébastien Loeb Gegner und Teamkollegen ein Jahrzehnt lang demoralisiert hatte. Loeb wählte bei seinem Abschiedsspiel die gleiche Taktik. Der entthronte Herrscher flog im Bemühen, den neuen in seine Schranken zu weisen, von der Straße. Ogier ließ sich vor dem Rathaus in Loebs Heimatstadt Hagenau feiern. Klarer kann ein Regimewechsel nicht dargestellt werden.

Ford-Teamchef Malcolm Wilson, der sich Ogier mangels Rückendeckung des Werks nicht leisten konnte, setzt sein kindlichstes Staunen auf, wenn er über den Franzosen spricht: „Der wird uns genauso ein Jahrzehnt lang beschäftigen wie Loeb", sagt ehrfürchtig der Mann, dem schon Loeb diverse Titelträume verdarb.

Es ist eine Krux mit diesen Superhelden. Auf der einen Seite sorgen sie mit ihrer Dominanz für Langeweile, auf der anderen verleihen sie ihrer Sportart einen Glanz, der alles aufwertet. In der Formel 1 brachen wegen Sebastian Vettel die Quoten ein, und das Fernsehen zeigte den Heppenheimer eigentlich nur noch bei Start, Boxenstopps und Zieldurchfahrt. In der Rallye-WM ge-

---

Ogier hat keine Schwächen. Er schlug auch die Finnen in deren Heimat

Ex-Rivalen: Loeb und Ogier sind keine Freunde, sie vertragen sich aber

ZUR PERSON
SÉBASTIEN OGIER

Der am 17. Dezember 1983 in Gap geborene Franzose absolvierte eine Ausbildung zum Skilehrer, träumte aber schon als Kind vom Motorsport. Nach dem Gewinn der Nachwuchssichtung Rallye Jeunes errang Ogier in seiner ersten Saison 2007 den französischen Peugeot 207-Cup, wurde 2008 Juniorenweltmeister und holte 2010 als Citroën-Werksfahrer seinen ersten Gesamtsieg. Er gewann 2009 die Rallye Monte Carlo und fuhr bei der WM in fünf Jahren 16 Siege ein. Ende 2011 wechselte Sébastien Ogier zu VW und holte 2013 mit neun Saisonsiegen den Rallye-WM-Titel.

Mit Beifahrer und Stimmungskanone Julien Ingrassia bildet Ogier das schlagkräftigste Duo der WM

Der Sieg bei der Rallye Monte Carlo 2009 im Peugeot 207. Damals zählte die Monte aber nicht zur WM

Balanceakt im Citroën: Diese Zweiradeinlage in Jordanien wäre fast schief gegangen

wann Ogier neun von 13 Läufen, und weil er selbst sehr spezielle Rallyes wie Schweden, Finnland oder zuletzt Wales gewann, war er nun automatisch überall der große Favorit.

Als der ewige Tabellenführer Loeb die Lust verlor, ständig als Erster auf der Piste für die anderen den Straßenkehrer zu spielen, führte die FIA auf Drängen von Citroën eine Qualifikation ein, nach der sich der Schnellste die Startposition für die erste Etappe aussuchen durfte. Loeb ist weg, und nach zwei Jahren wird eben jene Quali wieder abgeschafft und sogar bis zur Rallye-Halbzeit nach WM-Klassement gestartet – ein klares Handicap. Nach der Lex Loeb folgt jetzt die Lex Ogier. Der Sportverband und auch Vermarkter Red Bull wollen das Feld zusammenhalten.

Ärger über Handicap-Regel

Ursprünglich sollte der Punktbeste sogar zwei volle Tage als Erster auf losem Schotter starten müssen. Ogier war stinkig, VW und sogar Citroën liefen Sturm gegen den Plan. „Das hier ist immer noch Sport, und der Beste sollte die Chance haben, zu gewinnen", sagt Citroën-Sportchef Yves Matton.

Besonders auf den abschließenden Powerstages offenbart Ogier sein wahres Poten-

> **„Es ist weniger das schiere Tempo, das ihn vom Rest des Feldes abhebt, als vielmehr sein unglaubliches Selbstvertrauen"**

Mit Fußballreporterin Andrea Kaiser bildet Ogier das neue Sport-Glamourpaar

zial. Während die meisten im Feld mit gebremstem Schaum antreten, um für drei Zusatzzähler nicht eine gute Gesamtplatzierung wegzuwerfen, fährt Ogier einfach los und staunt im Ziel oft, dass die anderen nicht schneller waren.

Es ist weniger sein Tempo, das ihn vom Rest des Feldes abhebt, als vielmehr das unglaubliche Selbstvertrauen. Weil er gar nicht auf die Idee kommt zu scheitern, bewegt er sich mit unerreichter Sicherheit auch über schmierigste Pisten. 2013 leistete er sich nur in Deutschland einen echten Ausrutscher. Seine Asphaltspione hatten einen rutschigen Bremspunkt nicht korrekt im Aufschrieb vermerkt.

Furcht vor 2014

Im kommenden Jahr soll die finale Powerstage live übertragen werden. Damit es auch bei bezogenen Positionen an der Spitze noch etwas zu gewinnen gibt, kam die Idee auf, mehr Zusatzpunkte zu vergeben. Doch der Plan wurde wegen VW-Fahrer Ogier verworfen. Serienmanagerin Michèle Mouton raunte Journalisten zu: „Wer hat denn mit Abstand die meisten Powerstages im letzten Jahr gewonnen? Keiner will doch, dass Sébastien schon im Sommer wieder Champion ist!"

Nacht-Dem

Mit Neuzugang Mads Östberg will Citroën an alte Erfolge anknüpfen

onstration

Der starke Auftritt von Volkswagen schockte 2013 die Konkurrenz. Dank diverser Fahrer-Rochaden haben sich die Teams von Citroën und Ford neu aufgestellt. Und mit Hyundai kommt ein neuer Hersteller dazu.

Schon im ersten Jahr schlugen für den VW Polo WRC zehn Siege zu Buche

Volkswagen Die Weltmeister sind auch 2014 die Favoriten

Never change a winning team: So lautet die Devise von VW-Sportchef Jost Capito. Warum sollte er auch etwas ändern? Seine Mannen gewannen 2013 zehn von 13 Rallyes. Schon in der Debütsaison 2013 wartete die Konkurrenz vergebens auf lähmende Kinderkrankheiten am nagelneuen Polo. Und das Auto aus der Feder von Projektleiter François-Xavier Demaison erwies sich nicht nur als sehr zuverlässig, sondern auch als erstaunlich schnell. Übereinstimmend attestieren die Fahrer dem VW den stärksten Motor und die beste Traktion.

Weil die Konkurrenz finanziell klamm ist, hat VW zugestimmt, die technische Weiterentwicklung einfrieren zu lassen – eine kluge Entscheidung, wenn man ohnehin das beste Auto hat. Die Technikabteilung kann sich schon seit dem vergangenen Sommer mehr oder weniger voll auf die Entwicklung des Autos für 2015 konzentrieren.

Ruhe herrschte bei VW auch in Sachen Personal. Die deutsche Truppe ist die einzige, bei der es in den Cockpits keine Änderungen gibt. Der neue Weltmeister Sébastien Ogier hatte ebenso einen Vertrag für 2014 wie Jari-Matti Latvala und Nachwuchsmann Andreas Mikkelsen. Der 24-jährige Norweger fuhr in seiner ersten kompletten WRC-Saison zwar einige schnelle Zeiten, muss aber 2014 aufpassen, dass ihm nicht der Stempel „ewiges Talent" aufgedrückt wird. Mit Spannung erwartet der WM-Zirkus das teaminterne Duell von Ogier und Latvala. Der Finne begann die Saison 2013 mit einigem Testrückstand gegenüber Ogier. Latvala musste sich erst einmal an den Polo WRC gewöhnen.

Das teaminterne Duell nach Siegen ging 2013 mit neun zu eins an den Franzosen. In der kommenden Saison will der WM-Dritte Latvala zeigen, dass er nicht nur dann gewinnen kann, wenn Teamkollege Ogier technische Probleme hat.

> **Der Polo ist ausgesprochen schnell und auch zuverlässig. Die Technikabteilung kann schon in Ruhe am Auto für 2015 arbeiten**

Andreas Mikkelsen muss in dieser Saison Resultate liefern

Jari-Matti Latvala will Teamkollege Sébastien Ogier angreifen

Sébastien Ogier ist Weltmeister und bisher klar der Chef im Ring

Citroën Neuanfang auf kleiner Flamme

Dass Rekord-Weltmeister Sébastien Loeb nach neun Fahrer-Titeln und sieben Markenweltmeisterschaften endgültig von der Bühne abtritt, war für die Mannschaft aus Versailles schon schwer genug zu verkraften, aber fast noch schwerer wiegt, dass bei den erfolgsverwöhnten Franzosen nur noch Leichtgewichte anheuern. Ogier vergraulte man schon 2011, Citroën-Gewächs Thierry Neuville ging nach einem Jahr bei Ford lieber zu Hyundai, und Robert Kubica wechselte zu Ford.

Die letztjährigen Fahrer Mikko Hirvonen und Dani Sordo kämpften bis zur völligen Verunsicherung mit dem auf Loeb zugeschnittenen DS3 WRC und bekamen den Laufpass. Citroën muss 2014 beweisen, dass man es noch ernst meint mit der Rallye-WM. Schon im Frühsommer 2013 wurde Technik-Chef Xavier Mestelan-Pinon zur Entwicklung des C-Elysée für die Tourenwagen-WM abgezogen, seit März gab es am DS3 WRC keine nennenswerte Weiterentwicklung.

Wegen der Absatzkrise des Unternehmens fehlt es der Sportabteilung an Geld. Khalid al Qassimi aus den Vereinigten Arabischen Emiraten fährt ein drittes Werksauto, weil er aus dem Emirat Abu Dhabi wichtige Millionen bringt. Mads Östberg

Mads Östberg muss, nach mäßigem Auftritt 2013, die Kurve kriegen

Khalid al Qassimi fährt im Werksauto, weil er Geld bringt

Kris Meeke ist schnell, aber unerfahren und unbeständig

> „Das im Jahr 2013 gebeutelte Citroën-Team muss in der neuen Saison beweisen, dass man es noch ernst meint mit der WM"

gewann in fünf Jahren bislang nur eine WM-Rallye: Citroën-Pilot Hirvonen war 2012 in Portugal wegen einer illegalen Kupplung disqualifiziert worden. Der Norweger zeigte 2012 bei Ford eine stark ansteigende Form, blieb aber im Vorjahr ziemlich blass.

Der Nordire Kris Meeke war einmal die große Hoffnung Britanniens, aber neben Bestzeiten ist der frühere IRC-Champion immer für einen Abflug gut. Meeke hat erst ein Dutzend Rallyes im WRC-Auto auf dem Buckel, bei seinen Citroën-Probeeinsätzen in Finnland und Australien überschlug er sich.

Der Citroën DS3 WRC ist auch ohne Weiterentwicklung konkurrenzfähig, aber schwer abzustimmen

Mikko Hirvonen will sich nach schwachem Vorjahr rehabilitieren

Robert Kubica sitzt in seiner zweiten Saison schon im WRC

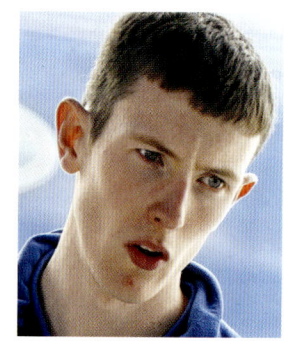

Elfyn Evans aus Wales ist die neue Hoffnung Großbritanniens

„ Nach dem Ford-Ausstieg sahen viele M-Sport den Bach runtergehen, aber das Team aus Nord-England zeigt sich erstaunlich schlagkräftig "

M-Sport Ford Auch ohne Werksunterstützung gut aufgestellt

Als sich Ford Ende 2012 von der WM verabschiedete, sahen viele das Einsatzteam M-Sport leise den Bach runtergehen. Aber die Truppe von Malcolm Wilson präsentierte sich 2013 mit Geld von Sponsor Katar und Neuzugang Thierry Neuville äußerst schlagkräftig. Der Belgier schrammte zweimal knapp an einem Sieg vorbei und wurde am Saisonende Vizeweltmeister. Trotz eines großzügigen Angebots konnte Wilson das Toptalent der Szene nicht halten, landete aber dafür einen neuen Coup: Der Engländer überzeugte den Ex-Formel-1-Star Robert Kubica, komplett in die Rallye-Szene zu wechseln, und lockte ihn von Citroën weg, wo der Pole überraschend in seiner ersten Saison gleich WRC2-Weltmeister geworden war. Beschleunigend für den Wechsel war der Umstand, dass Kubicas Sponsor Lotos mit Citroën-Geldgeber Total konkurriert.

Mikko Hirvonen hatte nach einer schwachen Saison bei Citroën das Karriere-Ende schon vor Augen. Der Finne fand jedoch Unterschlupf bei M-Sport, wo er 2008, 2009 und 2011 Vizeweltmeister geworden war. Wenn es Wilson gelingt, den Finnen wieder aufs Gleis zu stellen, ist dieser einer der wenigen Siegfahrer, die der Szene geblieben sind.

Einen Versuchsballon startet Wilson mit Elfyn Evans. Der 25-jährige Waliser war im Vorjahr nach Kubica der stärkste Mann der zweiten WM-Liga und sollte eigentlich ein weiteres Jahr WRC2 fahren. Nun erhält Evans überraschend eine komplette Saison im WRC.

Der Fiesta WRC war 2013 auch ohne Hersteller im Rücken absolut konkurrenzfähig. Er bekommt ein Facelift und dazu einen etwas kräftigeren Motor. Im Jahr 2013 blieb Wilsons Team zwar ohne WM-Sieg. Es ist aber gut möglich, dass das M-Sport-Team mit Hirvonen wieder auf die oberste Stufe des Podiums zurückkehrt.

Selbst nach dem Ausstieg von Ford und ohne Weiterentwicklung ist der Fiesta WRC auf allen Belägen voll bei der Musik

Der auf dem auslaufenden Modell i20 basierende WRC ist nur eine Übergangslösung. Bereits 2015 kommt der Nachfolger

Chris Atkinson
Der Ex-Subaru-Fahrer bekommt eine neue Chance

Juho Hänninen
Der Finne erledigte einen Großteil der Tests

Dani Sordo
Der Spanier ist einer der Schnellsten auf Asphalt

Thierry Neuville
Der Belgier gilt als größtes Talent seit Ogier

Hyundai Ohne Wettkampfpraxis, aber mit starken Fahrern

Im Rallye-Zirkus gab es noch zum Saisonende 2013 Zweifler, ob man den Einstieg der Koreaner überhaupt ernst nehmen müsse. Zu unrealistisch schien der Zeitplan, zu gut in Erinnerung ist die erfolglose Rallye-Kampagne des Unternehmens ein Jahrzehnt zuvor.

Doch nach der Verpflichtung von Thierry Neuville sollten alle Zweifel ausgeräumt sein, dass Hyundai es ernst meint. Der Belgier war auf dem Fahrermarkt der begehrteste Nachwuchsmann seit Sébastien Ogier und ist als großer Antreiber und akribischer Arbeiter bekannt. Der frisch gebackene Vizeweltmeister stürzte sich direkt nach Saisonende in die Testarbeit mit dem neuen i20 WRC. Das Auto wird zum Saisonstart in Monte Carlo rund 80 Testtage hinter sich haben, aber wie Weltmeister Volkswagen ein Jahr zuvor keinen einzigen Wettbewerbskilometer. Es ist fraglich, ob der jüngste WM-Einsteiger verglichen mit den aktuellen World Rally Cars voll mithalten kann.

Teamchef Michel Nandan weist regelmäßig darauf hin, dass man Anfangserfolge wie bei VW kaum erwarten könne. Mit dem ein oder anderen Podiumsplatz in der zweiten Jahreshälfte und vor allem ein paar Bestzeiten wäre man in Alzenau zufrieden. Was die Cockpit-Besetzungen angeht, hat Hyundai die zweitstärkste Truppe nach Titelverteidiger VW.

Das zweite Auto neben Neuville teilen sich Dani Sordo und die bisherigen Hyundai-Testfahrer Juho Hänninen und Chris Atkinson. Asphalt-Ass Sordo macht in Monte Carlo den Anfang und fährt die weiteren drei Asphalt-Läufe, Allrounder Atkinson darf sich in Mexiko und seiner Heimat Australien beweisen, die restlichen sieben Rallyes gehen an den Schotter- und Schnee-Spezialisten Hänninen.

auto motor und sport fuhr die beiden spektakulärsten
BMW-Rennwagen im Vergleich: den M3 DTM und den Z4 GT3.

Paar-

Lauf

Z4 GT3

Trotz großem Flügel bietet der Z4 weniger Abtrieb als der M3

Im Z4 hockt der Fahrer in einem herkömmlichen Schalensitz

Z4-Cockpit: annähernd rundes Lenkrad, seriennahe Schalter

Monteblanca in Spanien, eine Rennstrecke, rund eine Autostunde von Sevilla entfernt. Es ist noch recht kalt am Morgen. Die Sonne scheint zwar, steht aber noch sehr flach. Über der Leitplanke in Kurve sechs steigt sie gerade auf – und blendet. Und die Profis befinden: „Die Strecke ist noch grün."

Als Erster nimmt Bruno Spengler im BMW M3 DTM Platz. Nach ein paar Runden kommt Manuel Reuter dran. Der Ex-DTM-Champion kommentiert die DTM-Rennen für die ARD, und er fährt die drei DTM-Konkurrenzfabrikate für die Streckenvorstellung im Wechsel. Sein Kommentar: „Das Ansprechverhalten auf Gaspedalbewegungen ist mir viel zu aggressiv." Und: „Vor der Kurve sechs ist die Strecke beim Anbremsen wellig."

Dann bin ich dran. Wir sind am Abend zuvor die Strecke gemeinsam abgegangen. Jetzt gibt mir Bruno Spengler noch ein paar letzte Tipps: „Du bekommst aufgeheizte Reifen. Aber wärme die Bremse in der Outlap richtig auf. Denn wenn die Carbonscheiben nicht richtig auf Temperatur sind, dann verzögern sie aus Höchstgeschwindigkeit zunächst nicht richtig – und dann blockieren dir die Räder." Ich bin in den ersten Runden dabei, das Auto und die Strecke kennenzulernen. Speziell die schnelle Biegung sechs, die geht im vierten Gang, macht mir zu schaffen. Wie viel Speed verträgt ein DTM-Auto mit seinem riesigen Flügel und der ausgeklügelten Aerodynamik? Auch auf der Bremse bin ich viel zu früh.

Der Datenvergleich macht es später erbarmungslos deutlich. Bei der Höchstgeschwindigkeit am Ende der Start-und-Ziel-Geraden liegen wir mit 242,6 km/h gleichauf. Aber Profi Spengler bremst bei 76 Metern. Mir fehlt da ein ganzes Hauseck. Du pfeilst mit Topspeed auf die Erste-Gang-Biegung zu, weißt, dass du viel später bremsen könntest. Aber im Hinterkopf hast du die Warnung von den blockierenden Rädern, und schon dirigiert der innere Feigling deinen Bremsfuß. Sekunden später ist klar: wieder zu früh gebremst.

Ich klettere aus dem M3 DTM. Das spontane Ansprechen des Gaspedals war dann doch nicht so schlimm, auch die Bodenwellen nicht. Jetzt bin ich gespannt auf Teil zwei des BMW-Fahrprogramms: den BMW Z4 GT3.

Der große Unterschied ist der Preis. Für den M3 DTM muss man „zwischen 600 000 und 700 000 Euro rechnen", wie BMW-Rennleiter Jens Marquart erklärt. Einen Z4 GT3 erhält man dagegen geradezu zum Schnäppchenpreis von 350 000 Euro.

Denn schließlich liegen die Qualitäten der beiden Sportler gar nicht so weit auseinander. Das DTM-Auto hat ein Vollcarbon-

Z4 GT3

Der GT3-Pilot hat alle Hände voll zu tun. Das Lenkrad hat 14 Tasten und Drehknöpfe: ❶ Funk, ❷ Fernlicht, ❸ Display-Wechsel, ❹ Licht, ❺ Blinker links, ❻ Kennfeld-Drehschalter, ❼ Frontscheibenheizung, ❽ Blinker rechts, ❾ Scheibenwaschanlage, ❿ Scheibenwischer, ⓫ Speed Limiter Boxengasse, ⓬ Knopf, um Traktionskontrolle kurz auszuschalten, ⓭ Traktionskontrolle-Drehschalter, ⓮ ESP-Drehschalter

M3 DTM

Der M3 verfügt über einen Klappflügel – ein Einheitsbauteil

„ Im M3 DTM (Foto) wird der Sitz mit Schaumstoffpolstern angepasst, die Lenksäule mit einem Adapter verlängert. Im Z4 GT3 sind Sitz und Pedalerie verstellbar "

Perfekte Sicherheit im DTM-M3 dank Sitzkiste aus zähem CfK

chassis – und deshalb einen Gewichtsvorteil gegenüber dem Z4 mit Stahlchassis. 1110 Kilogramm muss der DTM-Renner mit Fahrer in Rennmontur auf die Waage bringen. Wir reden also von einem Leergewicht von rund 1030 Kilogramm. Der GT3 ist mit einem Leergewicht von 1190 gleich mal 160 Kilogramm schwerer.

Der GT3 hat zwar einen gewaltigen Heckflügel, die bessere Aerodynamik dürfte aber ganz klar aufseiten des M3 DTM liegen. Dafür hat der Z4 GT3 einen Vorteil bei der Leistung: Sein 4,4-Liter-V8 kommt auf 530 PS, der Vierliter-V8 im M3 leistet 480 PS. Was sich bei der Höchstgeschwindigkeit ausdrückt: 242,6 km/h erreicht der M3 am Ende der Start-und-Ziel-Geraden, der Z4 kommt auf 250 km/h.

Allerdings ist der DTM-Pilot noch am Gas, wenn der Z4-Fahrer längst voll auf der Bremse steht. Die Unterschiede bei der Bremse: Der M3 verzögert mit innenbelüfteten XXL-Carbonbremsscheiben, die Bremsscheiben im Z4 haben ein ähnliches Format, sind auch innenbelüftet, aber aus Stahl. Dafür hat der Z4-Pilot als Backup ein Renn-ABS. Und der DTM-Chauffeur? „Der Bremsfuß ersetzt hier das ABS", verrät DTM-Profi Martin Tomczyk mit einem Augenzwinkern.

Und der Z4 hat mit einer Traktionskontrolle und dem Renn-ESP noch weitere Helferchen. Aber: „Die Traktionskontrolle schalten wir oft beim Beschleunigen aus – beispielsweise aus dem Karussell am Nürburgring oder nach der Spitzkehre in Hockenheim", erklärt Z4-Werkspilot Dirk Müller. Und das ESP? „Das haben wir zur Sicherheit", meint Müller. „Wenn wir beispielsweise am Nürburgring plötzlich in einen Regenguss kommen, dann schaffen wir es mit Slicks wenigstens bis zur Box."

Und Martin Tomczyk unterstreicht: „Ich mag den Z4. Das Auto macht unglaublich Spaß. Und mit seinen elektronischen Helferchen ist es praktisch narrensicher." Na, dann bin ich mal gespannt. Denn eines habe ich auch schon gelernt: Wer im Z4 GT3 schnell fahren will, der sollte sich tunlichst in dem Bereich bewegen, wo die Elektronik noch nicht bremsend eingreift.

Die Slicks für den GT3 werden nicht aufgeheizt. Müller rät: „Du brauchst nicht Zickzack zu fahren. In der ersten Runde bringst du sie durch Beschleunigen und Bremsen auf Temperatur. Und wenn du Untersteuern hast, dann musst du die Vorderräder in Kurve eins durch bewusst aggressives Einlenken aufheizen."

Der M3 reagiert blitzartig

Der Unterschied zwischen den beiden Rennautos ist frappierend. Der M3 DTM ist knallhart abgestimmt, es gibt kaum Karosserie-

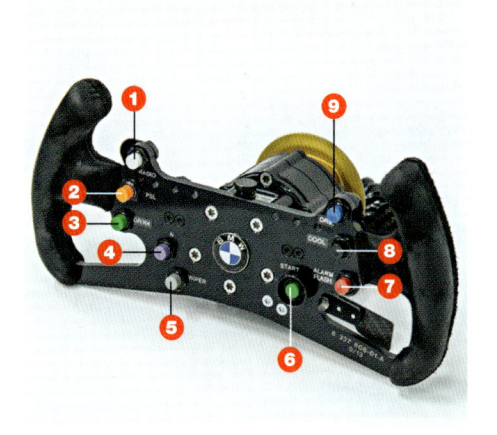

M3 DTM

Der DTM-Pilot muss ohne Traktionskontrolle, ABS und ESP auskommen. Die Bremsbalance wird neben dem Lenkrad verstellt. Dafür gibt es am Lenkrad nur neun Tasten: ❶ Funk, ❷ Speed Limiter Boxengasse, ❸ Trinkflasche, ❹ Neutral, ❺ Scheibenwischer, ❻ Starterknopf, ❼ Knopf, um Alarmmeldungen zu löschen, ❽ Bremskühlung (nur für den Norisring), ❾ Flügelverstellung

Spektakuläres Wettrennen: Im Duell mit dem Z4 siegt der M3

Z4 GT3

M3 DTM

TECHNISCHE DATEN
BMW Z4 GT3

KAROSSERIE
Stahlblech-Karosserie mit CfK-Anbauteilen, Länge x Breite x Höhe 4387 x 2010 x 1210 mm, Radstand 2510 mm, Tankinhalt 115 l, Leergewicht 1190 kg

FAHRWERK
Einzelradaufhängung vorn mit Doppelquerlenkern, hinten Längslenker mit Doppelquerlenkern, innenbelüftete Grauguss-Scheibenbremsen, Renn-ABS

MOTOR/KRAFTÜBERTRAGUNG
Achtzylinder-V-Motor, Hubraum 4361 cm^3, Leistung 379 kW (515 PS) bei 9000/min, max. Drehmoment 515 Nm bei 5500/min, Hinterradantrieb, sequenzielles Sechsgang-Getriebe, einstellbare Traktionskontrolle, DSC

FAHRLEISTUNG
Vmax 250 km/h

KOSTEN
BMW Z4 GT3

AUTO
350 000 Euro

MOTOR
50 000 bis 60 000 Euro (Revision nach 9000 km 17 500 Euro, nach 18 000 km 39 000 Euro)

GETRIEBE
6000 Euro (Revision nach 7500 km)

BREMSEN
8000 Euro

Filigrane Einschnitte: Luftkanäle am Z4-Kotflügel

TECHNISCHE DATEN
BMW M3 DTM

KAROSSERIE
CfK-Monocoque und CfK-Anbauteile, Länge x Breite x Höhe 4775 x 1950 x 1200 mm, Radstand 2750 mm, Tankinhalt 120 l, Mindestgewicht 1110 kg (mit Fahrer), Leergewicht ca. 1030 kg

FAHRWERK
Einzelradaufhängungen vorn und hinten mit Doppelquerlenkern, über Pushrod-System (Druckstangen) betätigte Federbeine, innenbelüftete Kohlefaser-Bremsscheiben vorn und hinten

MOTOR/KRAFTÜBERTRAGUNG
Achtzylinder-V-Motor, Hubraum 4000 cm^3, Leistung 353 kW (480 PS), max. Drehmoment über 500 Nm, Hinterradantrieb, sequenzielles Sechsgang-Getriebe

FAHRLEISTUNG
Vmax 242,6 km/h

KOSTEN
BMW M3 DTM

AUTO
600 000 bis 700 000 Euro

MOTOR
180 000 Euro (Revision nach 10 000 km)

GETRIEBE
35 000 Euro (Revision nach 10 000 km)

BREMSEN
20 000 Euro (pro Saison)

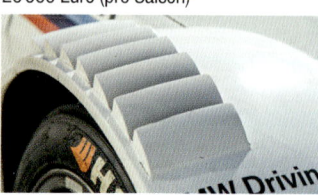

Hier wird Luft geschaufelt: Entlüftungsluken am M3-Kotflügel

bewegungen, weder längs noch quer. Man merkt, dass hier Formel 1-Experten am Werk waren, die das Auto möglichst immer in konstantem Abstand zu der Fahrbahn halten und den aerodynamischen Abtrieb in allen Lagen optimal nutzen wollen. Der DTM-Pilot dreht an einem abgeflachten Lenkradstummel. Und der M3 reagiert geradezu blitzartig auf Lenkbefehle.

Im GT3 dagegen gibt es ein ordentliches Lenkrad. Dementsprechend fallen auch die Lenkbewegungen etwas üppiger aus. Dies gilt auch für die gesamten Fahrzeugbewegungen. Nach vier Runden rolle ich an die Box. Ingenieur Bernd Kretzer hat sich bereits die Daten angesehen. Seine Analyse: „Du bist zwar schnell genug auf der Bremse, aber wir brauchen mehr Druck. Du bremst mit 50 bar, wir brauchen aber 90 bar."

Und weiter: „In den Kurven sechs und acht musst du mehr Geschwindigkeit mitnehmen." Will heißen: Du bist zu langsam. Mittlerweile ist es angenehm warm – was den Dunlop-Pneus auf dem Z4 sicher nicht schaden dürfte. Und auch ich fühle mich im GT3-BMW pudelwohl.

Optimale Bedingungen, also noch einmal raus auf die Strecke, die Tipps des Ingenieurs im Hinterkopf. Ich trete so fest es geht gegen das Bremspedal. Jetzt stimmt der Druck – aber das Ganze passiert immer noch zu früh. Die Geschwindigkeit in den schnellen Biegungen kostet Überwindung, klappt dann aber fast spielerisch. Als der Z4 an der Box ausgerollt ist, gibt es Lob von Bernd Kretzer: „Mich freut, dass du es in Kurve acht perfekt umgesetzt und die Geschwindigkeit mitgenommen hast. Jetzt müssten wir nur noch an den Bremspunkten arbeiten und rein aus der Verzögerung die Zeit holen."

Wo liegen die großen Unterschiede zwischen DTM und GT3? Beim Anbremsen aus hohem Tempo spielt der M3 die Vorteile der Aerodynamik und der Carbon-Bremsen aus. Springt Bruno Spengler im M3 erst bei 76 Meter auf die Bremse, so braucht Dirk Müller für die Verzögerung im Z3 knapp 130 Meter. Schnelle Biegungen wie Kurve sechs umrundet der DTM-Bolide 10 bis 15 km/h schneller. In langsamen Ecken sind beide etwa gleich schnell. Am Ende bin ich im Z4 etwas schneller als am Morgen im M3. Ich hätte vielleicht eher mit dem Z4 anfangen sollen. Denn bei den Profis sieht es anders aus: Bruno Spengler ist im DTM-BMW 1,6 Sekunden schneller als Müller im Z4 GT3.

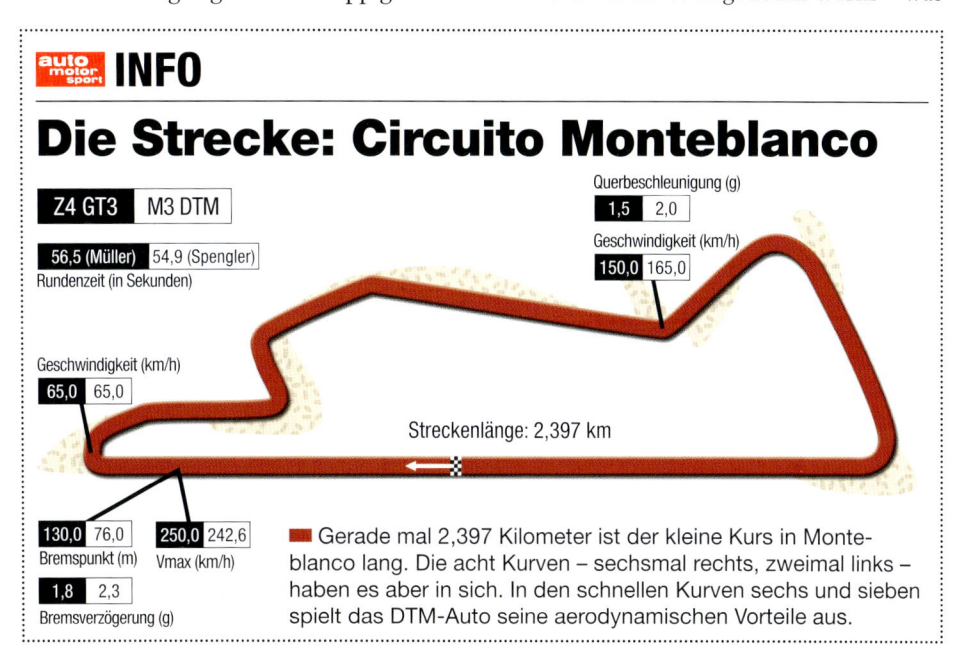

---

auto motor sport INFO

Die Strecke: Circuito Monteblanco

	Z4 GT3	M3 DTM
Rundenzeit (in Sekunden)	56,5 (Müller)	54,9 (Spengler)
Querbeschleunigung (g)	1,5	2,0
Geschwindigkeit (km/h)	150,0	165,0
Geschwindigkeit (km/h)	65,0	65,0
Bremspunkt (m)	130,0	76,0
Vmax (km/h)	250,0	242,6
Bremsverzögerung (g)	1,8	2,3

Gerade mal 2,397 Kilometer ist der kleine Kurs in Monteblanco lang. Die acht Kurven – sechsmal rechts, zweimal links – haben es aber in sich. In den schnellen Kurven sechs und sieben spielt das DTM-Auto seine aerodynamischen Vorteile aus.

Streckenlänge: 2,397 km

LMP1-Tarnanzug: Bodywork und Aerodynamik des Porsche 919 werden sich bis zum Saisonstart noch stark verändern

Projekt Le

Nach 16 Jahren Abstinenz kehrt Porsche 2014 mit einem gesamtsiegfähigen LMP1-Rennwagen nach Le Mans zurück. auto motor und sport schaute dem Werksteam exklusiv bei Testfahrten in Portimão über die Schulter.

Mans

Der Star kommt, aber es ist zappenduster. Kein Blitzlichtgewitter, keine Menschentrauben, leere Tribünen. Stattdessen ist die portugiesische Rennstrecke in Portimão an diesem Dezemberabend in stockfinstere Dunkelheit gehüllt.

Die geheimnisvolle Szenerie passt zum Anlass: Bisher gab es nur wenige Details zum neuen Porsche-LMP1 für Le Mans, und das bekannteste Mitglied des LMP1-Kaders, Ex-Formel 1-Pilot Mark Webber, saß in Portimão zum allerersten Mal im Auto.

Nacht-Debüt von Mark Webber

Für den Australier waren die ersten Runden im neuen Le Mans-Rennwagen von Porsche denkwürdig: Weder fuhr er zuvor das Auto, noch kannte er die Strecke an der Algarve mit ihrem wüsten Auf und Ab und den vielen blinden Kurven. Als Webber nach seinem Nacht-Debüt ausstieg, flachste er: „War gar nicht so schlimm, denn das Licht am Porsche ist wirklich vorzüglich."

Natürlich war Webber nicht nach Portimão gereist, um einen Lichtcheck zu absolvieren. Für den WM-Dritten der F1-Saison 2013 ging es darum, Porsches neuer Le Mans-Waffe auf den Zahn zu fühlen. Und das tat er am Folgetag, als er 125 Runden oder 586 Kilometer zurücklegte und schnell unter Beweis stellte, warum Porsche ihn unter Vertrag genommen hat: Webber ist heiß auf LMP, er ist heiß auf Le Mans und die neue Herausforderung. „Das letzte Mal, dass ich einen Rennwagen mit Dach fuhr, war 1999 in Le Mans", erinnert sich Webber. Die Story ist hinlänglich bekannt: Nach drei Flugeinlagen musste Mercedes die CLR zurückziehen. „Mit Le Mans habe ich noch eine Rechnung offen", so Webber.

INFO

Das machen die Gegner

Beim 24 Stunden-Rennen in Le Mans treffen in der Topklasse LMP1 die Werksteams von Audi (Foto oben), Porsche und Toyota aufeinander, mit unterschiedlichen Konzepten: Toyota wird mit einem frei saugenden V8-Motor antreten, Audi fährt mit einem V6-Dieseltriebwerk. Alle LMP1-Hersteller werden zwei Energierückgewinnungssysteme einsetzen: Toyota rekuperiert Energie über die vorderen und hinteren Bremsen und boostet ausschließlich über die Hinterachse, während Audi und Porsche die elektrische Zusatzenergie an die Vorderräder abgeben und damit zeitweise Allradantrieb nutzen. Neben dem Kers-System an der Vorderachse setzen Porsche und Audi auf Energierückgewinnung durch die Motorabgase.

Und der hängte sich beim ersten Test gleich tüchtig rein: Am Folgetag referierte er nach seinem ersten Acht-Runden-Turn mehrere Minuten am Funk über Fahreigenschaften, Eigenlenkverhalten, Dämpferabstimmung, Boost-Strategie, Lenkung, Bremse, Reifen. Während die Ingenieure kaum hinterherkamen, all die Notizen in ihre Laptops zu übertragen, freute sich LMP1-Teamchef Andreas Seidl über das Feedback des Australiers: „Toll, wie sich der Mark in die Technik reindenkt und wie kompetent er das Fahrverhalten kommentiert."

Als sich der Testtag zu Ende neigte, war Webber bei Porsche angekommen – und Porsche bei Webber. Überhaupt war der Test in Portimão richtungsweisend: Zum ersten Mal wurde ein neues Motor-Upgrade getestet, zum ersten Mal trat Webber an, und dazu hinterließen der Neuseeländer Brendon Hartley und der bisherige GT-Werksfahrer Marc Lieb einen so überzeugenden Eindruck, dass sie wenige Tage später als LMP1-Werkspiloten verkündet werden konnten. Zusammen mit Timo Bernhard, Romain Dumas und dem Schweizer Neel Jani ist das Fahreraufgebot damit komplett.

Team mit über 200 Mitarbeitern

Offene Fragen gibt es aber noch reichlich, denn Porsche hat sich bisher mit Informationen zum LMP1-Projekt zurückgehalten. „Wir haben unsere Sollstärke mit knapp über 200 Mitarbeitern erreicht", erklärt der Leiter LMP1, Fritz Enzinger. Dem Leiter Renneinsatz, Andreas Seidl, sind im operativen Bereich allein 80 Mitarbeiter unterstellt. Dazu kommt LMP1-Technikchef Alexander Hitzinger, der das Kommando über die umfangreiche Ingenieursabteilung hat.

„Wir standen in den letzten 24 Monaten vor der Herausforderung, dass alles parallel ablaufen musste", erklärt LMP1-Leiter Fritz Enzinger. „Das Auto musste entwickelt, gebaut und getestet werden, parallel haben wir die Infrastruktur aufgebaut, die Mann-

Die so genannte Psychofolie dient der Tarnung und macht den 919 nicht unbedingt hübscher

> „Porsche bemüht sich, überzogene Erwartungen zu dämpfen: Die Schwaben betrachten 2014 als ein Lehrjahr"

„Der Erfolg im Motorsport hängt nicht allein am Budget"

Fragen an Porsche-Entwicklungsvorstand Wolfgang Hatz

Wie kam es zur Entscheidung für den Werkseinsatz in der LMP1-Klasse?
Hatz: Die ersten Diskussionen im Vorstand haben im Frühjahr 2011 begonnen. Damals habe ich meinen Kollegen vorgeschlagen, dass Porsche unbedingt wieder in den Spitzensport zurückmuss. Uns war dann allen schnell klar, dass wir nach Le Mans zurückmüssen. Porsche hat in der Vergangenheit unglaubliche Erfolge in Le Mans und im Langstreckensport gefeiert. Auch daher macht es Sinn, diesen Faden wieder aufzunehmen.

Porsche macht alles selber. Wie groß ist dieser Kraftakt?
Hatz: Mir war schon bewusst, dass wir hier einiges neu aufbauen müssen. Für mich war wichtig, dass wir das Thema Le Mans bei Porsche nicht auslagern oder extern machen, sondern hier am Standort in Weissach, mit eigenen Leuten und eigenem Team. Das ist sicherlich der schwierigere Weg, aber für mich macht es mehr Sinn, dass wir die LMP1-Wagen selber entwickeln, bauen und einsetzen.

Welche Rolle spielt das Budget?
Hatz: Porsche ist eine relativ kleine Firma, und wir haben nicht die Budgets wie unsere Wettbewerber, das weiß ich sehr wohl. Aber ich habe im Motorsport eines gelernt: nämlich dass das Budget nicht alles ist. Wichtiger ist, dass man die richtigen Leute hat und ein Team formt. Geld ist eine wichtige Voraussetzung, aber der Erfolg hängt nicht allein am Budget.

Mit welchen Erwartungen gehen Sie in die Saison 2014?
Hatz: Unser Ziel ist, dass wir ein wettbewerbsfähiges Auto darstellen und die Rennen beenden. Ich glaube, es wäre vermessen, die Wettbewerber, die allesamt auf höchstem Niveau arbeiten, zu unterschätzen. Natürlich werden wir versuchen, uns so teuer wie möglich zu verkaufen, darauf können Sie sich verlassen.

Was muss geschehen, um die Sportwagen-WM attraktiver zu machen?
Hatz: Die WM ist außerordentlich wichtig, und damit sie weiter wachsen kann, müssen alle Beteiligten an der Vermarktung der Serie arbeiten. Porsche wird alles dafür tun, dass das auch passiert. Die Sportwagen-Weltmeisterschaft hat gute Perspektiven, denn ich glaube, dass es in der LMP1-Klasse nicht bei drei Herstellern bleiben wird, sondern dass mittelfristig noch weitere Hersteller dazukommen werden.

schaft rekrutiert und Prozessabläufe definiert." Andreas Seidl erinnert sich: „Ich hatte die Ehre, als erstes Mitglied des Einsatzteams eingestellt zu werden. Ein Werksteam komplett neu aufbauen zu dürfen und die Strukturen zu bestimmen, in denen man später arbeitet – das ist eine tolle Aufgabe."

Die Technik des 919 Hybrid

Beim Verbrennungsmotor setzt Porsche wie erwartet auf Downsizing und Hochaufladung: Der kleine Vierzylindermotor mit Direkteinspritzung kommt in V-Anordnung, im weit gespreizten Zylinderwinkel thront der Mono-Turbo.

Mit dem Motor-Upgrade, das in Portimão debütierte, können die Performance-Tests für Reifenentwicklung und Fahrzeugabstimmung jetzt forciert werden. „Wir hatten einen sehr ehrgeizigen Entwicklungsplan, aber wie immer bei solchen Großprojekten haben wir bei Testfahrten auch Rückschläge hinnehmen müssen", so Teamchef Seidl. „Wichtig ist aber, dass wir Fortschritte bei Performance und Dauerhaltbarkeit machen, denn irgendwann müssen wir die Technik-Baustände finalisieren, um dann die Teileproduktion hochzufahren."

Das Porsche-Werksteam hat seit dem ersten Rollout am 12. Juni bei zehn Tests bis Dezember schon viel gelernt. „Bis zum Saisonstart Mitte April in Silverstone stehen noch fünf Tests an", so Seidl. „2014 testen wir mit zwei Fahrzeugen, um das Entwicklungstempo zu steigern."

„Der Komplexitätsgrad der neuen Fahrzeuge ist gewaltig", sagt Seidl. „Die Effizienzvorgaben sind ebenso eine Herausforderung wie die Hybridisierung." Ab 2014 dürfen die Autos der LMP1-Klasse mit

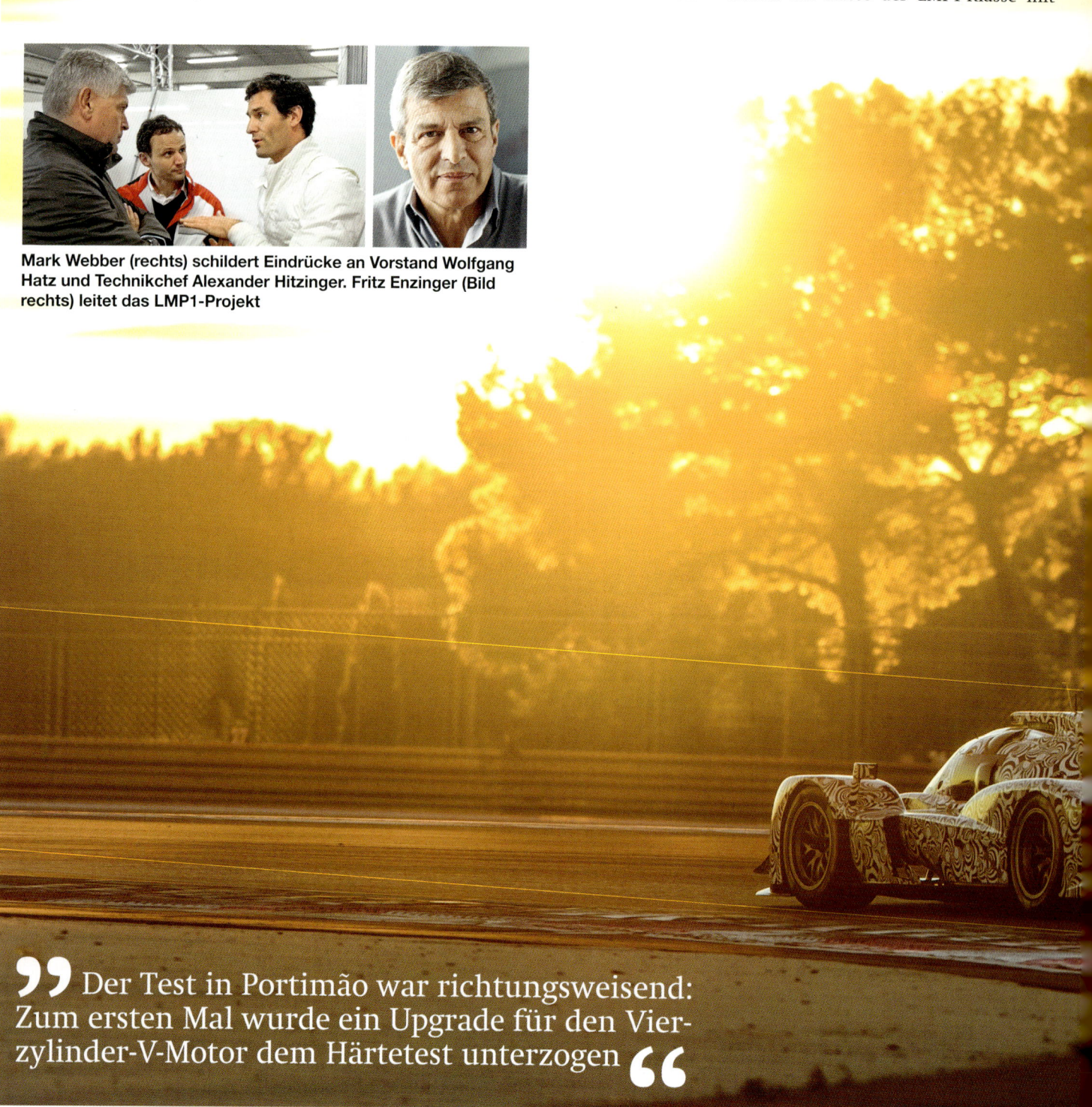

Mark Webber (rechts) schildert Eindrücke an Vorstand Wolfgang Hatz und Technikchef Alexander Hitzinger. Fritz Enzinger (Bild rechts) leitet das LMP1-Projekt

> 99 Der Test in Portimão war richtungsweisend: Zum ersten Mal wurde ein Upgrade für den Vierzylinder-V-Motor dem Härtetest unterzogen 66

Hybridsystemen fahren: Porsche rekuperiert Energie über die vorderen Bremsen (Kers) und ein Abgas-Energierückgewinnungssystem (AER).

Boost-Strategie als Schlüssel

Die Energie wird in Lithium-Ionen-Batterien gespeichert und über eine Elektromaschine an der Vorderachse wieder abgegeben. Damit wird der 919 Hybrid in der Boost-Phase zum Allradler.

Die Boost-Strategie, also der Einsatz der elektrischen Zusatzenergie, ist die große Geheimwissenschaft für die Saison 2014: „In Le Mans spielt zum Beispiel der Verkehr eine große Rolle. Wenn man stärker boosten muss, um andere Autos zu überholen, muss man an anderer Stelle wieder sparen." Denn laut Reglement darf der Vierzylinder-Turbo pro Runde in Le Mans nicht mehr Energie als 134,9 Megajoule verbrauchen.

Zusätzlich dürfen die Hersteller über den elektrischen Antrieb bis zu acht Megajoule pro Runde einsetzen. „Die Systemvernetzung und die Boost-Strategie sind komplexe Herausforderungen, weil sie in Echtzeit und adaptiv ablaufen müssen", so Andreas Seidl. „Hier profitieren wir im Hochvoltbereich allerdings auch von den Erfahrungen mit dem Porsche 911 GT3 R Hybrid – sowohl beim Know-how als auch beim Personal."

Die große Nagelprobe für den 919 Hybrid kommt beim 24-Stunden-Rennen Mitte Juni in Le Mans. Porsche bemüht sich, überzogene Erwartungen zu dämpfen: „Wir sind der Neueinsteiger, daher wäre es überzogen, zu erwarten, dass wir sofort mit den Konkurrenten Audi und Toyota auf Augenhöhe mitfahren. 2014 ist für uns ein Lehrjahr."

Die Rekorde de

Die Top 50 nach Punkten

Platz	Fahrer (□ = noch aktiv)	Punkte	GP-Zahl	WM-Titel	Siege	2. Plätze	3. Plätze	Pole-Positions	Schnellste Runden
1.	Fernando Alonso (E)	1606	216	2	32	36	27	22	20
2.	Michael Schumacher* (D)	1566 (1488)	307	7	91	43	21	68	77
3.	Sebastian Vettel (D)	1451	120	4	39	13	10	45	23
4.	Lewis Hamilton (GB)	1102	129	1	22	16	16	31	13
5.	Jenson Button (GB)	1071	247	1	15	16	19	8	8
6.	Mark Webber (AUS)	1047,5	215	0	9	16	17	13	19
7.	Kimi Räikkönen (FIN)	969	193	1	20	29	28	16	39
8.	Felipe Massa (BR)	816	191	0	11	12	13	15	14
9.	Alain Prost (F)	798,5 (768,5)	200	4	51	35	20	33	41
10.	Rubens Barrichello (BR)	658	323	0	11	29	28	14	17
11.	Ayrton Senna (BR)	614 (610)	161	3	41	23	16	65	19
12.	Nico Rosberg (D)	570,5	147	0	3	3	5	4	4
13.	David Coulthard (GB)	535	246	0	13	26	23	12	18
14.	Nelson Piquet (BR)	485,5 (481,5)	204	3	23	20	17	24	23
15.	Nigel Mansell (GB)	482 (480)	187	1	31	16	11	32	30
16.	Niki Lauda (A)	420,5	171	3	25	20	9	24	25
17.	Mika Häkkinen (FIN)	420	162	2	20	15	17	26	25
18.	Gerhard Berger (A)	386 (385)	210	0	10	17	21	12	21
19.	Jackie Stewart (GB)	360 (359)	99	3	27	11	5	17	15
	Damon Hill (GB)	360	116	1	22	15	5	20	19
21.	Ralf Schumacher (D)	329	180	0	6	7	15	6	8
22.	Carlos Reutemann (ARG)	310 (298)	146	0	12	13	20	6	5
23.	Juan Pablo Montoya (COL)	307	94	0	7	15	8	13	12
24.	Graham Hill (GB)	289 (270)	176	2	14	15	7	13	10
25.	Riccardo Patrese (I)	281	256	0	6	17	14	8	13
	Emerson Fittipaldi (BR)	281	144	2	14	13	8	6	6
27.	Juan Manuel Fangio (ARG)	277,1 (244,5)	51	5	24	10	1	29	23
28.	Giancarlo Fisichella (I)	275	229	0	3	7	9	4	2
29.	Jim Clark (GB)	274 (255)	72	2	25	1	6	33	28
30.	Robert Kubica (PL)	273	76	0	1	5	6	1	1
31.	Jack Brabham (AUS)	261 (253)	126	3	14	10	7	13	10
32.	Nick Heidfeld (D)	259	183	0	0	8	4	1	2
33.	Jody Scheckter (ZA)	255 (246)	112	1	10	14	9	3	6
34.	Denis Hulme (NZ)	248	112	1	8	9	17	1	9
35.	Jarno Trulli (I)	246,5	252	0	1	4	6	4	1
36.	Jean Alesi (F)	241	201	0	1	16	15	2	4
37.	Jacques Villeneuve (CDN)	235	163	1	11	5	7	13	9
38.	Jacques Lafitte (F)	228	176	0	6	10	16	7	6
	Romain Grosjean (F)	228	45	0	0	2	7	0	1
40.	Clay Regazzoni (CH)	212 (209)	132	0	5	13	10	5	15
41.	Alan Jones (AUS)	206 (199)	116	1	12	8	5	6	13
	Ronnie Peterson (S)	206	123	0	10	10	6	14	9
43.	Bruce McLaren (NZ)	196,5 (188,5)	101	0	4	11	12	0	3
44.	Eddie Irvine (GB)	191	146	0	4	4	16	0	1
45.	Stirling Moss (GB)	186,6 (185,6)	66	0	16	5	2	16	20
46.	Michele Alboreto (I)	186,5	194	0	5	9	9	2	5
47.	René Arnoux (F)	181	149	0	7	9	6	18	12
	Jacky Ickx (B)	181	116	0	8	7	10	13	14
49.	John Surtees (GB)	180	111	1	6	10	8	8	11
	Mario Andretti (USA)	180	128	1	12	2	5	18	10

In Klammern abzüglich Streichresultate; * laut FIA-Disqualifikation wurden die 97er Resultate gestrichen

Die Bestenliste

Leistung	Fahrer
WM-Titel:	M. Schumacher 7
GP-Starts:	Barrichello 323
Siege:	M. Schumacher 91
2. Plätze:	M. Schumacher 43
3. Plätze:	Barrichello, Räikkönen 28
Siege pro Saison:	M. Schumacher 13 (2004), Vettel 13 (2013)
Siege in Folge:	Vettel 9 (2013)
Siege im gleichen GP:	M. Schumacher 8 (Frankreich)
Siege in Folge (gl. GP):	Senna 5 (Monaco 1989–1993)
Podiumsplätze:	M. Schumacher 155
Führungskilometer:	M. Schumacher 24 082
WM-Punkte:	Alonso 1606
WM-Punkte (pro Saison):	Vettel 397 (2013)
Schnellste Runden:	M. Schumacher 77
Schnellste Runden pro Saison:	M. Schumacher (2004), Räikkönen (2008) 10
Pole-Positions:	Schumacher 68
Pole-Positions pro Saison:	Vettel 15 (2011)
Pole-Positions in Folge:	Prost 7 (1993)
Start-Ziel-Siege:	Senna 19
Jüngster GP-Sieger:	Sebastian Vettel, 21 Jahre, 73 Tage (2008, Italien)
Ältester GP-Sieger:	Luigi Fagioli, 53 Jahre, 22 Tage (1951, Frankreich)
Jüngster Weltmeister:	Sebastian Vettel, 23 Jahre, 134 Tage (2010)
Ältester Weltmeister:	Juan Manuel Fangio, 46 Jahre, 76 Tage (1957)
Jüngster Pilot am Start:	Jaime Alguersuari, 19 Jahre, 125 Tage (2009, Ungarn)
Ältester Pilot am Start:	Louis Chiron, 55 Jahre, 292 Tage (1955, Monaco)

Leistung	Team
Konstrukteurs-Titel:	Ferrari 16
GP-Siege:	Ferrari 221
Siege pro Saison:	McLaren (1988), Ferrari 15 (2002, 2004)
Siege in Folge (pro Saison):	McLaren 11 (1988)
WM-Punkte:	Ferrari 6525,1
WM-Punkte (pro Saison):	Red Bull 650 (2011)
Doppelsiege (pro Saison):	McLaren 10 (Senna, Prost 1988)
Pole-Positions:	Ferrari 207
Pole-Positions in Folge:	Williams 24 (1992, 1993)
Pole-Positions (pro Saison):	Red Bull 18 (2011)
Siege auf einer Strecke:	Ferrari 18 (Monza)

Formel 1

Michael Schumacher steht in der ewigen Punkte-Hitliste nicht mehr an erster Stelle. Fernando Alonso hat ihn abgelöst. Aus dem Hintergrund beginnt Sebastian Vettel an den Rekorden seines Landsmannes zu knabbern.

McLaren geht in seine 49. Saison. Mit 182 Siegen ist McLaren der zweiterfolgreichste Rennstall

Formel 1 – Saison 2014 **157**

Zum Weiterlesen aus dem Motorbuch Verlag

Simon Arron/Mark Hughes

Formel 1

Dieses Buch besticht durch die präzise Darstellung sämtlicher Formel-1-Boliden, die von 1950 bis 2008 gefahren wurden. Es erklärt, wann diese Wagen eingesetzt wurden, von wem sie gesteuert wurden und welche Platzierungen sie erreichten. Über 3700 Abbildungen bieten eine einmalige, lückenlose Bildchronik, in der sich die Autoren bewusst auf die Autos konzentrieren. Als Ergänzung werden im Anhang alle Piloten mit Bild und biografischen Angaben beschrieben.

520 Seiten,
Format 250 x 305 mm

ISBN 978-3-613-02822-7

€ 19,95   CHF 27,90 / € (A) 20,60

Überall, wo es Bücher gibt, oder unter
www.motorbuch-verlag.de

Service-Hotline: 0711/ 98 809 984

Stand Februar 2014
Änderungen in Preis und Lieferfähigkeit vorbehalten.

Zum Weiterlesen aus dem Motorbuch Verlag

Michael Schmidt

Sebastian Vettel

Die beeindruckende Karriere des jungen Heppenheimers in einem Buch mit bisher unveröffentlichten Bildern und einzigartigen Hintergrundgeschichten.

192 Seiten,
Format 215 x 280 mm

ISBN 978-3-613-03382-5

€ 24,90   CHF 34,90/ € (A) 25,60

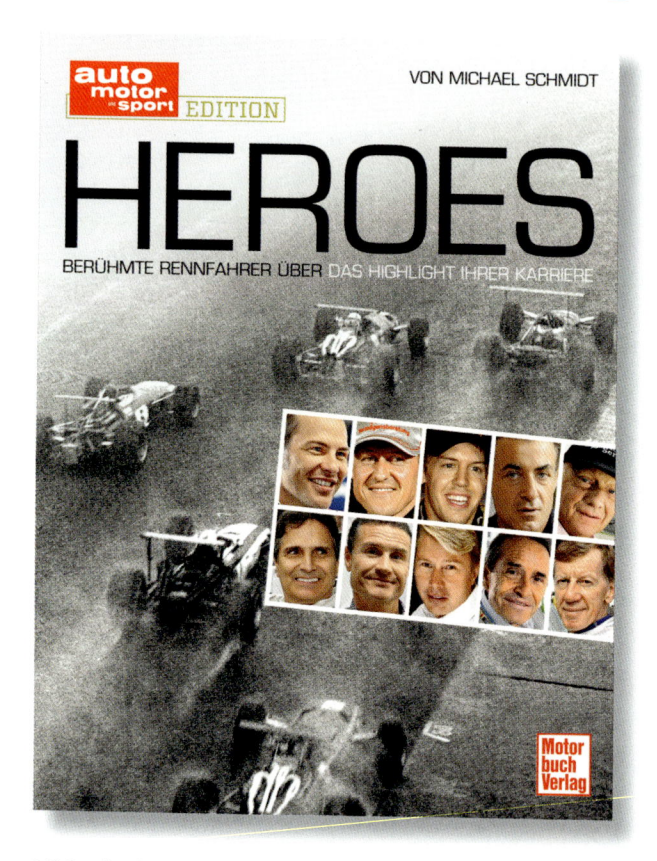

Michael Schmidt

Heroes

Manchmal genügt ein Rennen, eine geniale Runde oder einfach ein fantastisches Überholmanöver, um in die ewige Ruhmeshalle des Motorsports einzuziehen. F1-Experte Michael Schmidt portraitiert in diesem wunderbaren Buch 34 Formel 1-Legenden und ihre größten Rennen.

160 Seiten,
Format 215 x 280 mm

ISBN 978-3-613-03471-6

€ 24,90   CHF 34,90 / € (A) 25,60

Überall, wo es Bücher gibt, oder unter
www.motorbuch-verlag.de

Service-Hotline: 0711/ 98 809 984

Stand Februar 2014
Änderungen in Preis und Lieferfähigkeit vorbehalten.